◎本书为湖南省教育学会"十三五"规划课题"初中数学人
与应用研究"（K93）的结题成果之一。

数学课的
人文密码

初中数学

人文课堂案例集锦

曾建勇 著

湖南师范大学出版社

·长沙·

图书在版编目(CIP)数据

数学课的人文密码:初中数学人文课堂案例集锦 / 曾建勇著. —长沙:湖南师范大学出版社,2023. 11

ISBN 978 - 7 - 5648 - 5099 - 9

Ⅰ.①数… Ⅱ.①曾… Ⅲ.①中学数学课—课堂教学—教案(教育)—初中 Ⅳ.① G633.602

中国国家版本馆 CIP 数据核字(2023)第 187217 号

数学课的人文密码:初中数学人文课堂案例集锦

Shuxue Ke de Renwen Mima:Chuzhong Shuxue Renwen Ketang Anli Jijin

曾建勇 著

◇出 版 人:吴真文
◇组稿编辑:李 阳
◇责任编辑:李健宁 孟 霞
◇责任校对:陆羿妤 胡晓军
◇出版发行:湖南师范大学出版社
　　　　　地址/长沙市岳麓区 邮编/410081
　　　　　电话/0731 - 88873071 0731 - 88873070 0731 - 88872256
　　　　　网址/https://press.hunnu.edu.cn
◇经销:新华书店
◇印刷:长沙市宏发印刷有限公司
◇开本:880 mm×1230 mm 1/16
◇印张:11
◇字数:300 千字
◇版次:2023 年 11 月第 1 版
◇印次:2023 年 11 月第 1 次印刷
◇书号:ISBN 978 - 7 - 5648 - 5099 - 9
◇定价:69.00 元

凡购本书,如有缺页、倒页、脱页,由本社发行部调换。

投稿热线:0731 - 88872256 微信:ly13975805626 QQ:1349748847

序一

　　打开《数学课的人文密码——初中数学人文课堂案例集锦》厚厚的书稿,39个生动鲜活的案例展现在眼前,让你身临其境.这既是湖南省新化县初中数学曾建勇名师工作室精英团队教研成果与师大思沁"活化教育"实践成果的精彩呈现,也是湖南省教育学会"十三五"规划课题"初中数学人文课堂构建策略与应用研究"的优秀成果,更是初中数学教研教改道路上一份沉甸甸的收获、感悟及经验体会的结晶.

　　2016年,国家课改组确立了"立德树人工程"的改革方向,确立了发展学生核心素养和学科核心素养的教育目标,以高中为突破口启动了新的课改.2017年年底教育部正式颁布了《普通高中数学课程标准(2017年)》.初中数学新课改怎么改?如何促进学生核心素养发展,让一线教师面临严峻的考验?2019年10月,在曾建勇名师工作室的第一次活动中,名师团队确立了"探索追求数学课堂教育价值最大化"的研究主题,开始打造初中数学人文课堂的研究.2022年,在国家"双减"政策的大背景下,义务教育数学课程标准正式颁布实施.恰逢其时,名师工作室极具针对性的教研成果应运而生.

　　名师团队打造的数学人文课堂,融入人文元素,很好地培养了学生的科学态度与人文精神,从"课堂起"到"课堂中",最后到"课堂结"都极具人文特色.每一堂课都努力追求数学课堂教育价值的最大化,充分调动学生的学习积极性,培养学生学习数学的兴趣,强化学生对数学知识的掌握,以及对数学本质的深入理解和领悟.让学生形成良好的品德,提升学生核心素养.

　　在数学教育的重要转型时期,社会需要更多的教育研究,需要更多的研究型教师,需要大力提升课堂教学的效率.《数学课的人文密码——初中数学人文课堂案例集锦》正好为研究型教师的发展与提升提供了一个研究范例.为实施新课标下的数学高效课堂提供了一份值得借鉴的重要参考.

昌国良

2022年8月13日

序二

2022年的暑假，连续干旱，破历史纪录. 一日，建勇电约喝茶，令我大喜. 晚餐后，与友人前往. 至建勇家，桌上已是茶烟水果俱备. 须臾入座，三人天南地北侃着，兴致盎然. 席间，建勇推出一本书，说是他准备出版的新书稿，嘱我写个序. 书名赫然："数学课的人文密码——初中数学人文课堂案例集锦". 建勇是数学大师，名噪教育界，至少在我市是"高山仰止"般存在. 数学是我与生俱来的天敌，如今只是七窍通了六窍，还有一窍不通.

回到家里看着这本书痴痴发呆，心里忐忑不止，不时疑惑. 我既非名人，又非名家，真是苦煞我了. 建勇的"人文之光"为什么没有点亮我此刻茫然无奈的胸膛呢？

想想与建勇几十年的感情，想想建勇临别时的谆谆嘱托，我缓缓地打开了书. 然而，一读前言，我顿时心生愉悦，心里立马泛起快意的光亮. 文中字里行间透出的文学功底、生活意趣、励志诤言，让我心生憧憬. 一看目录，那些跳入眼帘的标题更使我兴奋不已. "阴阳相倚，正负相随——具有相反意义的量""一花一草一世界，一变一调一思想——有理数的减法""无法兑现的赏赐——有理数的乘方""平衡有'束'，变形有'法'——等式的性质""因是同根生，分割故太急——二次函数：三角形面积问题"，等等. 这哪是数学课的标题，分明是一篇篇文学作品或人生悟语的标题. 可是，把那些副标题结合起来，细细一品，这些风马牛不相及的东西与数学内容还真有千丝万缕的联系，有的甚至是水乳交融. 像"一花一草一世界，一变一调一思想——有理数的减法"这样的标题，既能让人享受诗词般的语言美，又能激发学生对人生的深度思考，而且把枯燥的数字、字母、符号形象化、生动化、趣味化. 数学的逻辑思维、人生的哲理思考、文学形象的艺术都融为一体，如此课堂，师生欢笑，尽得鱼水之乐也！

好的课题不但可以冲击学生的视觉，更能唤醒他们对知识的渴求. 环环相扣、不断演进使人感觉有精彩就在下一秒的心动. 如果像传统的教学模式一样，只死死地把原本的课题板书一下，你看到学生的眼神都是呆滞的，甚至是灰暗的. 这么升华一下，活化一下，那学生的眼神就都是有光的，发亮的. 真的，有时一潭死水，只要投下一片石块，顿时就会水光激滟.

当然，一节课的教学质量，不单是一个好的课题名就能解决的，重点还是教程中知识的传授. 在传授知识的同时，如何渗透人文内容，该书在设置上可谓精巧绝伦，举例也是入时入趣入心，如"平衡有'束'，变形有'法'——等式的性质"一课，在情景导入时，引用狐狸与老虎的故事，真是妙极：

狐狸：我发现2和5一样大.

老虎：怎么可能啊？

狐狸：你看，我这里有个方程$5x=2x$，等式两边同除以x，不是得到$5=2$了吗？

老虎:这……

聪明的你,认为狐狸说的对吗?

这个例子不但有趣,而且切合教学的内容,引人深思.

狐狸说的肯定不对,究竟错在哪里? 便是本节课所要解决的问题.下一环节,便是安排学生带着问题读教材,如此设置,颇有章回小说"欲知后事如何,且听下回分解"的磁性,紧紧地吸引学生.

窃以为,这堂课高妙之处在于走出了两条路:一是"套路",二是"导路"."套路"设置了悬念,引发了思考;"导路",指出了一条正确的路,解决了问题,达到了目的,让学生收到了盆满钵满的效果.

本书还有一个最大亮点,所举的实例都不是高大上,都是学生现实生活中的所见所闻.很多开篇就是"我们学校""我校"等语,永远在学生的视野中捕捉素材,抓住生活中的切入口.

"旅途中的邂逅——一元一次方程模型的应用:相遇问题",此课在情景导入内容时举例说:

我校不少老师来自长沙,每周末需往返长沙与新化两地,若两地相距 240 千米,两名老师分别于长沙和新化开车沿同一路线相向出发,A 车每小时行驶 80 千米,B 车每小时行驶 100 千米,请根据上述情景,编写一道与时间有关的应用题.

"泾渭分明汇流至简——二次根式的乘法"这堂课,在情景导入时举例说:

我校第二届体育节田径运动会开幕,舞台背景墙为长方形,它的长为 $\frac{8}{3}\sqrt{3}$ 米,宽为 $2\sqrt{6}$ 米,请同学们帮忙计算该背景墙的面积.

如此等等,不胜枚举.如果这些例子,离开学生的生活,离开他们有限的视野,不但弱化了学生的兴趣,还会大大降低教学的效果.这一点,建勇在教学中运用得出神入化,所以他的教育事业也是风生水起,拥有许许多多的学生粉丝、同行粉丝,甚至家长粉丝.

教育的本质是教书育人,可是,学生因"读书"大大压缩了健康成长的时间和空间,我们忽视了学生的身心健康教育,以至于造成当代学生许多的心理问题.而《数学课的人文密码——初中数学人文课堂案例集锦》一书中,每堂课后面都有一段老师寄语,字虽不多,但都是结合内容的人生格言,句句入骨,字字铭心.理想前途、心态励志、人生哲思、生活物语等,都是育人的心灵鸡汤,都是催人奋进的精神力量,每一个字都是点亮学生心灵的火花.

这里我随便摘抄几条,是为证.

"无法兑现的赏赐——有理数的乘方"后面老师的寄语是:

$1.01^{365} \approx 37.78$ $0.99^{365} \approx 0.026$,同学们,生命在乘方,你们用什么做底数!

寥寥数字,号召性、励志性、启发性跃然纸上,学生必然受益匪浅.

"平衡有'束',变形有'法'——等式的性质",后面的教师寄语是:

人生就像一个等式,若左边是少壮不努力,则右边是老大徒伤悲;若左边是锐意进取,则右边是学有所成.

两句话诠释了人生的成败得失,其励志性与教学内容又像是无缝对接。呵呵,只要有智慧,原来风马牛也是可以相及的.这取决于一个老师对人生的深度思考与专业知识的高度娴熟.其实聪明的学生马上会得出更多的人生等式：

懒惰＝贫穷　勤劳＝富裕

学富五车＝才高八斗

……

"泾渭分明,汇流至简——二次根式的乘法"一课后面老师的寄语是：

能合作,分工才有价值;能优化,合作才有意义.

仅一句话,一句! 便足以成为同学们今后发展事业的座右铭.

"形影相随,化繁为简——一元二次方程根与系数的关系"教师寄语是：

挫折,是块石头,对于强者,它是垫脚石;对于弱者,它是绊脚石.

这对于那些遭遇过打击,在迷茫中犹豫徘徊的学生,无疑是醍醐灌顶,能使他们拾回曾经的自信与勇气,即使重遇挫折,他们也会像暴风雨中的海燕一样逆风飞行.

该书每堂课后面的教师寄语大多是教师自编的,也有化用的,也有引用的名人名家语录,都是金玉良言,不但是学生的精神食粮,也是我们老师和家长的人生信条.其可贵之处,不牵强附会,不张冠李戴,都是与教学内容融于一体的血与肉.

拜读之余,掩卷思之,暗叹:建勇博学、精思、巧用.

俗话说:教学生一勺水,自己要有一桶水,建勇何止一桶水? 我想,他如果专业知识没一缸水,人文知识没一担水,文学知识没一桶水,他写不出这样的书.

建勇的"水"从何而来? 我没有答案,答案在学生的评价里,在家长的口碑里.

做建勇的学生绝对是幸福的,快乐的,更是幸运的.

姑妄言之,是为序.

罗国芳

2022 年 8 月 25 日

前言

数学作为一门非常重要的基础学科,在提高学生逻辑思维能力和创新意识上具有无可比拟的作用,同时在培养学生的科学态度和人文精神方面也有较为突出的优势.初中数学人文课堂既扎根于学生核心素养的培养,彰显数学的理性美,又巧妙地融入人文元素,诠释数学的人文美,让知识技能与人文精神交相辉映,从而演绎出数学课堂的灵动,达到课堂教育价值的最大化.下面,谈谈初中数学人文课堂的三大亮点.

一、课堂起,要美丽如凤头

数学课的开头要别出心裁,如同凤头一样俊美精彩.我们设计的数学人文课堂尤其注重这一点,根据教学内容的特点,给每一堂数学课都拟定了一个主标题,把课堂内容的精髓浓缩到其中.主标题既可以吸引学生的眼球,充分调动学生学习的兴趣;又能引发学生的积极思考,对教学起到锦上添花的作用.

例如:在案例"平衡有'束',变形有'法'——等式的性质"中,本堂课的知识技能目标是理解等式的性质,能利用等式的性质将等式变形.我们拟定的主标题是"平衡有'束',变形有'法'",既生动地概括了等式性质的条件,又形象地反映了等式性质的应用功能,这样的主标题对本堂课的教学内容起到了一个画龙点睛的神奇效果.

例如:在案例"貌合'位'离,心心相印——全等三角形的概念与性质"中,本堂课的知识技能目标是理解全等三角形的概念及性质,并应用性质简单推理,我们拟定的主标题是"貌合'位'离,心心相印",精准地描述出了全等三角形的本质:全等三角形形状相同,大小也相同,没有改变其"容颜";改变的仅仅是位置,通过平移、轴反射及旋转等全等变换后,它们的心与心还是紧紧相连.这样的主标题形象地捕捉到了全等三角形的特征,能够迅速调动学生的学习兴趣,为课堂后续展开起到了很好的铺垫作用.

二、课堂中,要浩荡如烟海

数学课的主体要紧凑流畅,教学内容要充实丰富.我们倡导的人文数学课堂,在我校"活化教育"理念的引领下,全力打造成"生·活课堂".它不是一种模式,而是一种与时俱进的教育教学原则和课堂呈现方式,其内涵包括"三生""三活""七环节"."三生",即生活化导入、生动性讲解和生命力焕发;"三活",即学生思维活跃、呈现方式灵活和师生活动丰富;"七环节",即课堂结构分为情景导入、自主学习、合作探究、典例剖析、拓展提升、感悟小结、教师寄语七个基本环节.

例如:案例"泾渭分明,汇流至简——二次根式的乘法",本堂课我们设计出了如下七个环节.

(1)生活引入抓眼球.我校第二届体育节田径运动会开幕,舞台背景墙为长方形,它的长为 $\frac{8}{3}\sqrt{3}$ 米,宽为 $2\sqrt{6}$ 米,请同学们帮忙计算该背景墙的面积.

（2）目标呈现指方向.自学课本,目标如下:①掌握二次根式的乘法运算法则公式;②经历探究二次根式乘法法则的过程,掌握应用的方法,会用它进行简单的二次根式的乘法运算;③感受二次根式乘法的实际应用价值,形成良好的思维品质.

（3）合作探究获新知.先由学生逆向应用积的算术平方根的性质进行单独探究二次根式的乘法法则,然后小组之间展开讨论交流,最后教师进行点评.二次根式的乘法法则:两个二次根式相乘,等于把它们的被开方数相乘,根指数不变.

（4）典例剖析理思路.先通过低、中、高三级梯度的例题进行剖析,加强学生对知识点的消化和巩固;再回归前面的导入问题,具体解决.

（5）课堂小结谈收获.先利用微课对本堂课的知识进行归纳总结,然后学生从知识技能、数学思想和方法、人文价值等方面畅谈自己的收获.

（6）拓展提升出效果.利用"微信抢红包"的方式,调动学生的兴趣和参与度,加强知识的应用和巩固训练,达到知识当堂消化的目的.

（7）教师寄语显人文.教师寄语:"能合作,分工才有价值;能优化,合作才有意义."

本堂课的七个环节环环相扣,极富逻辑性,整个课堂一气呵成,如行云流水,给人一种畅快淋漓的感觉;本堂课既充满厚厚的数学味,又蕴含浓浓的人文味,让人回味无穷.

同时,我们在数学教学中还特别注重一些数学文化的渗透,例如:"是是非非的无理数""三生三世之勾股定理""神秘莫测的黄金分割"等,不但要让学生知道定理和结论,还应该让学生了解证明定理、结论背后的科学家所表现出来的科学精神,要大力培养学生求真务实、敢于怀疑、勇于创新的科学态度.

三、课堂结,要响亮如豹尾

数学课的结尾要激情张扬,如同豹尾一样雄劲潇洒.一个人即使有聪明的大脑,有强壮的身躯,但如果没有灵魂,那顶多是一副皮囊而已,一堂好的数学课更是如此.因此,我们在每堂课的小结处都精心设计了教师寄语,把它作为本堂课的灵魂.

例如:案例"平衡有'束',变形有'法'——等式的性质"的教师寄语:"人生就是个等式.若等式左边是'少壮不努力',则右边就会是'老大徒伤悲';若等式左边是锐意进取,则右边就必会是学有所成."

例如:案例"貌合位离,心心相印——全等三角形的概念与性质"的教师寄语:"岁月的流逝,也许会改变你的容颜、事业和地位,但愿不会改变你追求卓越的初心."

这些寄语,既是本堂课知识的升华,更是老师对学生未来的殷切期望和谆谆教诲,从而提升了数学课堂的品位,真正产生了一种余音绕梁的感觉.

多年的教学实践证明,初中数学人文课堂有助于调动学生学习的积极性,有助于强化学生对知识的掌握,有利于培育学生的科学精神,有利于培养学生的良好品德,深受师生们喜欢.我们有责任打磨出更多的精品案例,任何事放弃很容易,坚持却很难,既然选择了远方,就应该勇敢地去面对风雨.唯有如此,才能最终守得住彩虹满天.

曾建勇

2022 年 10 月

|目录|

下篇　无边光景一时新：九年级案例荟萃

上篇

东风夜放花千树：七年级案例荟萃

　　著名教育家苏霍姆林斯基说:"如果教师不想方设法使学生产生情绪高昂和智力振奋的内心状态，就急于传授知识，那么这种知识只能使人产生冷漠的态度；而不动情感的脑力劳动，就会带来疲倦，没有欢欣鼓舞的心情，学习就会成为学生沉重的负担." 因此，知识只有借助情感才能得到更好的消化和掌握.

　　七年级的学生都是童真无邪的翩翩少年，他们带着稚嫩，带着梦想，努力奔跑在求知的道路上.他们往往是因为老师，才爱上这一门功课.他们爱的不只是老师的漂亮、帅气，他们更爱老师的学识与才华.

　　下面展示的七年级数学人文课堂案例特别注重理性美和人文美的融合，彰显出了老师们的智慧和力量，它们就像一筒筒烟花，形似单调，但一旦点燃，就会绽放出一万个美丽的童话.

案例1 阴阳相倚 正负相随
——具有相反意义的量

【教　　材】湘教版数学七年级上册

【教学目标】

(1)学会用数学的眼光观察世界,理解相反意义的量的两要素,通过相反意义的量理解什么是正数与负数,理解 0 表示的量和意义.

(2)经历探索负数产生的必要性,体会正与负的分类思想;通过实例的引入,认识到数学的发展来源于生产和生活,培养学生热爱数学并自觉地学习数学的习惯;初步学习从数学与生活的角度发现和提出问题,增强数学知识应用意识.

(3)通过师生互动,讨论与交流,培养学生观察、抽象、归纳的数学思想品质,提高分析问题和解决问题的能力.

【教学重点】理解什么是正数和负数;掌握用正负数表示具有相反意义的量的符号化方法.

【教学难点】理解负数和 0 表示的量的意义.

【教学过程】

教学环节	教学内容	设计意图
(一) 情景导入	**1.** 观看《数系的发展与数域》视频,感受数的发展; **2.** 仔细观察下列生活中的情形. 	通过生活实例,直观感知负数的存在,为后面的学习打好铺垫.
(二) 自主学习	**1.** 小学学过哪些种类的数? **2.** 自学教材相应的内容.	让学生归纳前面已学知识,为引入负数做好准备.

（续表）

教学环节	教学内容	设计意图
（三）合作探究	**探究一** 生活中的下列现象,有什么共同特征？ | 零下 5 摄氏度	零上 15 摄氏度
海平面下 155 米	海平面上 8848 米
支出 9 元	收入 14.5 元 | ➡ 意义相反 提问:生活中还有哪些表示相反意义的词？请举例说明.	感受意义相反的量中一定会有意义相反的词,突出数学与生活紧密相关.
	探究二 相反意义的量的特点. 1. 相反意义的词在语文中会作为反义词单独使用,但在生活中相反词的后面往往会有具体的数量与单位,比如东与西,我们往往会说"向东行驶 3 千米,向西行驶 3 千米". 2. 观察下列描述,小组合作讨论具有相反意义的量的特点,以组为单位汇报. | 零下 5 摄氏度	零上 15 摄氏度
海平面下 155 米	海平面上 8848 米
支出 9 元	收入 14.5 元
向东行驶 3 千米	向西行驶 3 千米
购进黄瓜 50 kg	售出黄瓜 2 kg | **总结归纳**:具有相反意义量的要素:(1)意义相反;(2)是同类的量,且带有数量(不一定相等)和单位. **小试身手**:判断下列说法是否正确. 1. 前进和后退是两个具有相反意义的量. (　　　) 2. 零上 6 ℃的相反意义的量只有零下 6 ℃. (　　　) 3. 盈利 50 万元和亏损 20 万元是两个具有相反意义的量. (　　　) 4. 上涨 100 元和下降 50 点是两个具有相反意义的量. (　　　)	注重知识的生成性,小组讨论,每组派代表阐述讨论结果,总结归纳出具有相反意义的量的要素. 及时巩固,加深对概念的理解.

教学环节	教学内容	设计意图
（三） 合作探究	**探究三　如何表示具有相反意义的量？** 　　为了便于区分意义相反的量,数学上规定:在具有相反意义的一对量中,把其中的一种量用正数表示,像11,5,8844.4等就是正数. 　　另一种量就用负数表示,它是在正数前加"－"(读作负号),例如－1,－24.92,－155等就是负数. 　　有的时候在正数前面写"＋"号,以强调它是正数. 　　例如,正数14.50写作＋14.50,但通常把"＋"号省略不写. 　　**巩固:**读出下列各数,并把它们填在相应的圈里. 　　$-11,\dfrac{1}{6},+73,-2.7,-\dfrac{3}{4},4.8,0$ 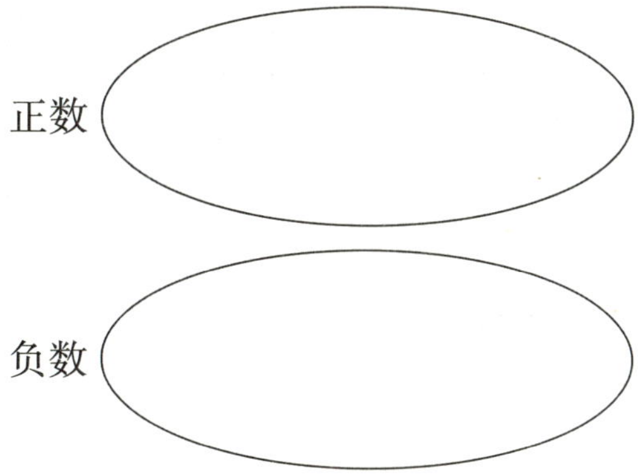 正数　　（　　　　　　　） 负数　　（　　　　　　　）	明确对于具有相反意义的量用正数和负数来表示,并强调运算符号和性质符号. 　　用希沃课堂活动展示,让学生上台试一试,通过学生自己动手操作拖动分类,调动学生的积极性,从而引出0.
	探究四:0应该怎么归类呢？ 　　**思考一**　0是正数还是负数？ 　　0既不是正数,也不是负数. 　　**思考二**　0只表示没有吗？ 　　1. 空罐中的金币数量; 　　2. 温度中的0 ℃,用来作为计量温度的基准; 　　3. 海平面的高度; 　　4. 标准水位; 　　5. 身高比较的基准; 　　6. 0比任何正数小,比任何负数大,它是正数与负数的分界线; 　　……	小组交流讨论,每组派代表阐述讨论结果,重视思维过程,强调0的实际意义.

（续表）

教学环节	教学内容	设计意图
（四）典例剖析	**例 1** 如图，资江大堤高出新化城区 20 米，另有北塔高约 58 米. 李芳和好朋友林雪燕、明明出去玩. 李芳站在资江大堤上，林雪燕站在地面上放风筝，顽皮的明明则爬上北塔顶. 按下列要求分别用正数，0，负数表示出三人的位置（"高于"记为"＋"，"低于"记为"－"）. （1）若以大堤为基准，记为 0 米； （2）若以铁塔顶为基准，记为 0 米. 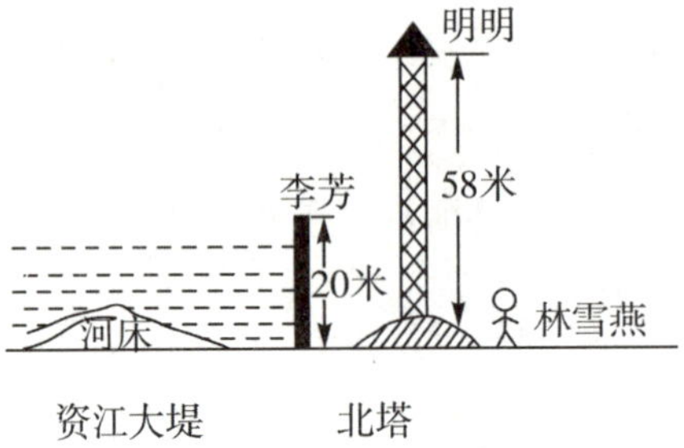 **例 2** 新化县思沁学校初一学生的平均身高为 156 cm，如果以平均身高为标准，超过部分记为正数，不足部分记为负数，有 5 位女同学分别记为 ＋10，－5，0，＋7，－2，则她们的实际身高分别为 _____，_____，_____，_____，_____. **例 3** 某工厂里生产零件，在生产图纸标注尺寸为（15±0.05）mm，请问"15 mm"，"±0.05 mm"各是什么意思？如果生产的零件尺寸为 14.96 mm，则该零件符合标准吗？	例题选取贴近学生生活，有利于学生理解. 解题过程强调"基准"的选取不同，数据表示也随之改变.
（五）拓展提升	观察下面一列数： $-\dfrac{1}{2}$，$\dfrac{2}{3}$，$-\dfrac{3}{4}$，$\dfrac{4}{5}$，$-\dfrac{5}{6}$，…… （1）请你写出这一列数中的第 100 个数和第 2019 个数； （2）在前 2019 个数中，正数和负数分别有多少个？ （3）$\dfrac{2018}{2019}$ 和 $-\dfrac{2018}{2019}$ 这两个数，哪一个在这一列数中？请说明理由.	本题主要是考查学生观察和分析能力.

（续表）

教学环节	教学内容	设计意图
（六） 感悟小结	1. 谈谈你本堂课的收获； 2. 知识要点归纳. 在具有相反意义的一对量中，若把其中的一种量用正数表示，则另一种量就用负数表示. 0既不是正数，也不是负数.	完善知识网络，形成点、线、面、体的知识结构.
（七） 教师寄语	不管数学的任一分支是多么抽象，总有一天会应用在这实际世界上. 　　　　　　　　　　——罗巴切夫斯基	升华本节课的数学思想，实现课堂教育价值的最大化.

【教学反思】

本案例从教材出发，不仅考虑数学自身的特点，更遵循学生学习数学的心理规律，强调从学生已有的生活经验出发，激发学生的学习积极性，向学生提供充分从事数学活动的机会；帮助他们在自主探究和合作交流的过程中，真正理解和掌握基本的数学知识与技能、数学思想和方法，让学生亲身经历抽象归纳的过程，进而使学生获得对数学的理解；同时，在数感、符号意识、思维能力、情感态度等多方面得到发展. 本堂课主要亮点有以下三个方面：

1. 从生活中提取素材和数学问题，充分调动了学生学习的积极性，学生的参与度很高，确保了课堂教学的效益.

2. 整个课堂设计分为七个环节，逻辑感很强，数学味浓厚，既注重了数学知识与技能的传授，又强调了数学思想和方法的渗透，更贯穿了人文精神的熏陶，追求课堂教育价值的最大化.

3. 例题选取很经典，全方位地对知识点进行强化，着重于培养学生发现问题、分析问题、解决问题的能力.

但是，从实际上课情况来看，有些地方还需要继续改进. 例如：在四个合作探究环节上，时间的分配还要优化；学生回答问题时，教师的引导用语应尽量简洁严谨.

案例2 **伟大的保护神**
——绝对值

【教　　　材】湘教版数学七年级上册
【教学目标】
　　(1)了解绝对值的概念和意义.
　　(2)熟练掌握绝对值的求法和大小比较.
　　(3)培养学生的探究能力,渗透数形结合思想.
【教学重点】正确理解绝对值的概念并学会求一个数的绝对值.
【教学难点】正确理解绝对值的几何意义和代数意义.
【教学过程】

教学环节	教学内容	设计意图
(一) 情景导入	 **1.** 两只小狗从同一点 O 出发,在一条笔直的街上跑,一只向右跑3米到达 A 点,另一只向左跑3米到达 B 点.若规定向右为正,则 A 处记做_____,B 处记做_____. **2.** 这两只小狗在跑的过程中,有没有共同的地方? 在数轴上的 A、B 两点又有什么特征?	从熟悉的生活场景出发,感受生活当中处处有数学,数学来源于生活又服务于生活,用数学的眼光观察世界,激发学习兴趣.
(二) 自主学习	请阅读教材 P11～P12. (1)理解绝对值的概念. (2)掌握正数、负数、零的绝对值.	通过自主学习理解绝对值的概念,变被动为主动,激发内在潜能,培养学生主动解决问题的探索精神.

（续表）

教学环节	教学内容	设计意图
（三） 合作探究	在数轴上找到−5,5,0. $$\begin{array}{c}M\qquad\qquad\qquad\qquad\qquad P\\ \circ\qquad\qquad\qquad\qquad\qquad\circ\\ \overline{-5\ -4\ -3\ -2\ -1\ 0\ 1\ 2\ 3\ 4\ 5\ 6}\rightarrow\end{array}$$ −5 在数轴上对应的点与原点的距离为（　　　） 5 在数轴上对应的点与原点的距离为（　　　） 0 在数轴上对应的点与原点的距离为（　　　） **绝对值的几何定义：** 　　一个数在数轴上对应的点与原点的距离叫作这个数的绝对值. 　　∵数轴上表示−5的点到原点的距离是5, 　　∴−5的绝对值是5,记$\lvert -5\rvert=5$; 　　若一个数是a,则它的绝对值记作$\lvert a\rvert$. **例：求下列各数的绝对值：** 　　$-1.6,-\dfrac{8}{5},0,-10,+10$ **小测试：** （下表） **思考：**通过刚才的练习,你有什么发现? **绝对值的代数定义：** 正数的绝对值是它本身;（涛声依旧） 负数的绝对值是它的相反数;（物是人非） 0的绝对值是0.（脚踏两只船） **总结：**任何一个数的绝对值一定是非负数. **想一想：** 2和−2是什么关系? 它们的绝对值有什么关系? 3和−3呢? 1.5和−1.5呢? 你可以得到什么结论? 互为相反数的两个数绝对值相等.	此处设计两个环节供学生理解绝对值,借助数轴理解绝对值的几何意义,借助表格结果理解绝对值的代数意义,通过小组合作交流,相互促进,培养学生的合作意识,也体现了学生是课堂主体的教学观.

小测试：

		相反数	绝对值
正数	2.05		
	1000		
	$\dfrac{7}{9}$		
0	0		
负数	$-\dfrac{7}{9}$		
	−1000		
	−2.05		

（续表）

教学环节	教学内容	设计意图
（四） 典例剖析	**例1** 判断. (1)一个数的绝对值一定是正数.　　（　　） (2)一个数的绝对值不可能是负数.　（　　） (3)互为相反数的两个数，它们的绝对值一定相等.　　　　　　　　　　　　（　　） (4)绝对值是同一个正数的数有两个，且它们互为相反数.　　　　　　　　　　（　　） **例2** 做一做. (1)在数轴上表示下列各数，并比较它们的大小：$-1.5,-3,-1,-5$ (2)求出(1)中各数的绝对值，并比较它们的大小； (3)你发现了什么？ **例3** 比较下列每组数的大小. (1)-1和5；　　　　(2)$-\dfrac{5}{6}$和-2.7 **例4** 填一填. $\|5-1\|=$（　　　）； $\|5\|-\|-3\|=$（　　　）； $1+\|-5\|=$（　　　）； $\|-1\|\times\|-2\|=$（　　　）； $\|-6.2\|\div\|+2\|=$（　　　）.	通过四组练习加深对绝对值概念的理解，并学会根据几何意义和代数意义比较数的大小，学会处理跟绝对值有关的简单运算，训练学生的说理能力、计算能力、概念应用能力，巩固对新知识的理解.
（五） 拓展提升	**问题1**：字母a表示一个数，$-a$表示什么？$-a$一定是负数吗？ **问题2**：如果$\|a\|=a$，那么a可能是正数吗？可能是负数吗？可能是零吗？ **问题3**：如果$\|a\|=-a$，那么a可能是正数吗？可能是负数吗？可能是零吗？ **归纳**： (1)如果$\|a\|=a$，那么$a\geqslant0$； (2)如果$\|a\|=-a$，那么$a\leqslant0$；	用字母表示数是小学到初中的一大进步，学生在理解上也存在一定的困难，此处设计三个问题，既考查学生的理解情况，又渗透由特殊到一般的数学思想；感受字母所代表的一般意义，理解负号不代表负数；然后总结反思，得出化简绝对值的方法，为后阶段学习打下基础.

（续表）

教学环节	教学内容	设计意图
（六）感悟小结	通过这节课的学习,你有什么收获? 绝对值(1.几何定义):在数轴上,一个数所对应的点与原点的距离叫作该数的绝对值. (2.代数定义)正数的绝对值是它本身;负数的绝对值是它的相反数;0的绝对值是0. 会利用绝对值比较两个负数的大小:两个负数,绝对值大的反而小.	适时小结谈收获,可以有效地内化知识,构建知识网络,消化课堂疑难点.通过总结,发现问题,当堂解决问题,提高课堂效率.
（七）教师寄语	英雄之所以是英雄,既是因为胆识超人,更是因为它能保护弱者.	通过感悟小结强调绝对值对数的保护作用,自然过渡到人生理想,欲要保护他人,必须先强大自己.

【教学反思】

　　本课例的主要内容是理解绝对值的意义.中国科学院数学与系统科学研究院研究员李邦河曾说过:"数学根本上是玩概念的,不是玩技巧,技巧不足道也!"为了加深学生对绝对值的理解,在课程设计上颇为精心,从数和形两个角度分别设计题型,学生通过观察、思考、总结,得出结论.随之又是针对训练,学会用绝对值的意义解决问题,整个流程以学生为主体,教师为主导,小组讨论结合教师总结,学生展示结合教师点评,课堂内容十分充实.当然本堂课也有一些不足之处,例如在拓展提升环节中绝对值的化简是难点,但教师以语言叙述为主,思路引导过少,不利于学生对知识的掌握,若能通过选取正数、负数、0的一些具体实例,从特殊到一般进行分析点评,则学生的理解会更加深刻.

案例3 一花一草一世界 一变一调一思想 ——有理数的减法

【教　　材】湘教版七年级数学上册

【教学目标】

(1)理解有理数减法的意义.

(2)有理数减法法则的理解和运用.

(3)感受数学间相互转化的关系,并运用思维于生活中.

【教学重点】掌握有理数减法法则并运用其进行计算.

【教学难点】转化过程中两类符号的改变.

【教学过程】

教学环节	教学内容	设计意图
(一) 情景导入	最近全国范围内大降温,昨晚的天气预报报道,北京今天的最高温度为 3 摄氏度,最低温度为 -3 摄氏度,你能求出北京今天的温差吗?(温差 =最高气温 $-$ 最低气温)	创设问题情境,激发学生的认知兴趣.
(二) 自主学习	从上面探究中能看出减 -3 相当于加哪个数吗? 　　把被减数 3 换成 $0,-1,-5$,用上面的方法考虑 $0-(-3),(-1)-(-3),(-5)-(-3)$.这些数减去 (-3) 的结果与它们加上 $(+3)$ 的结果相同吗? 　　**计算**:$9-8,9+(-8);15-7,15+(-7)$,从中又有什么新发现呢?	让学生通过尝试练习,初步理解减法可以转化为加法去计算.

（续表）

教学环节	教学内容	设计意图
（三） 合作探究	**探究：比较这两个式子，你能发现什么？** $3-(-3)=6$ $3+(+3)=6$ **有理数减法法则：** 减去一个数，等于加上这个数的相反数. $a-b=a+(-b)$ **减法运算步骤：** (1)变减法运算为加法运算，做到"一变一调"："一变"指变运算符号，把减号变加号；"一调"指调减数，把减数调为它的相反数. (2)运用加法法则进行计算.	教师提出尝试性问题，引发学生思考，使学生从感性认识上升到理性认识，培养学生的思维能力，使学生从被动的学习转到主动探索中，感受到学习的乐趣.也充分发挥了学生学习的主动性，培养了学生分析问题的能力，同时进一步体会转化思想.
（四） 典例剖析	**例1　计算：** (1)$(-3)-(-5)$； (2)$0-7$； (3)$7.2-(-4.8)$； (4)$\left(-3\dfrac{1}{2}\right)-5\dfrac{1}{4}$. **例2　计算：** (1)$3-10$； (2)$-5-7$. **例3**　如果甲、乙两地的海拔高度分别为$-15$米、$-38$米，那么甲地比乙地高多少米？	1.通过例题教学，加深学生对减法法则的理解和认识. 　　2.运算的过程中，让学生明确算理，规范书写格式.
（五） 课堂检测	**计算：** (1)$6-9$； (2)$(+4)-(-7)$； (3)$(-5)-(-8)$； (4)$0-(-5)$； (5)$(-2.5)-(-5.9)$； (6)$1.9-(-1.6)$.	通过练习让学生进一步巩固新知，体验知识的应用性.

（续表）

教学环节	教学内容	设计意图
（六） 感悟小结	通过这节课的学习,你有什么收获呢? **思考**:计算 $2+3-4+5-6+\cdots-100+101$.	回顾学过的知识,总结本堂课的内容,提高学生的归纳以及语言表达能力.
（七） 教师寄语	转化思想是数学解题的一把金钥匙.	转化思想是数学的核心与精髓,在数学解题中有着很重要的地位和作用.它能化繁为简,化未知为已知,不断地合理转化,可以少一些"山重水复疑无路"的尴尬,多一些"柳暗花明又一村"的喜悦.

【教学反思】

本课例采用了数学人文课堂教学"七环节",时刻坚持"输入活化能,焕发生命力",亮点较多.从学生熟悉的生活情境出发,激发学生的学习积极性,让学生感悟数学在生活中的应用,在老师的引导、小组交流和讨论中,主动参与,积极思考发言,课堂氛围活跃.对于学生积极的表现老师给予肯定和鼓励,更能促进学生的学习兴趣.在法则的归纳过程中,通过两组式子的计算,观察对比让学生感悟有理数减法法则最终是转化为加法进行计算的过程,并体会这种思想方法的应用.在课堂练习中,通过学生上台展示,学生自评、互评,以及老师精心点评的过程,让学生熟悉减法的法则,并对于法则的应用有很好的掌握.在学生谈论自己的收获与疑惑中,大家积极发言,议论纷纷,觉得课堂意犹未尽.但教学中也留下了一个遗憾:通过巧妙教学,讲解通俗易懂,上课时间宽裕,要是能在课堂检测环节设计学生你编我答的活动,则学习更积极,氛围更活跃,效果也会更佳.

案例4 无法兑现的赏赐
——有理数的乘方

【教　　材】湘教版七年级数学上册

【教学目标】

(1)掌握有理数的乘方、底数、指数、幂等概念.

(2)正确进行有理数乘方的运算.

(3)经历从乘法到乘方的推导过程,感受数学中的转化思想.

【教学重点】理解乘方的概念,掌握乘方的运算法则,熟练进行有理数的乘方运算.

【教学难点】有理数乘方运算的符号法则及综合题型中乘方的灵活应用.

【教学过程】

教学环节	教学内容	设计意图
(一) 情景导入	微视频导入：动漫故事《无法兑现的赏赐》	通过视频导入,激发学生的兴趣,抛出问题,设置悬念,让课堂目标更加明确.
(二) 自主学习	通过自主预习教材P41~P42,完成以下两个任务： 1. 了解乘方的概念及意义； 2. 掌握乘方运算的性质.	通过自主学习,初步了解有理数的乘方,为后续探究做铺垫,学生经历阅读、思考初步形成概念,激发主观能动性.
(三) 合作探究	思考 $(-2)^4$ 与 -2^4 的含义相同吗？它们的结果相同吗？ $(-2)^3$ 与 -2^3 的含义与结果也分别相同吗？ 由此可知： $(-a)^{2n}=a^{2n}(a>0,n>0)$ $(-a)^{2n+1}=-a^{2n+1}(a>0,n>0)$ 计算 $(1)(-3)^3$；$(2)0^7$；$(3)\left(\dfrac{2}{5}\right)^3$；$(4)\left(-\dfrac{1}{2}\right)^4$.	

（续表）

教学环节	教学内容	设计意图
（三）合作探究	计算 (1) 5^3；(2) 4^2；(3) $(-3)^4$；(4) $\left(\dfrac{2}{3}\right)^2$； (5) $\left(-\dfrac{1}{2}\right)^3$. **说一说：** 正数的任何正整数次幂都是什么数？负数的奇次幂是什么数？负数的偶次幂是什么数？0的任何正整数次幂是多少？ 观察以上计算题结果，你能发现乘方运算的符号有什么规律？ **乘方的法则：** **1.** 正数的任何正整数次幂都是正数； **2.** 负数的奇次幂是负数，负数的偶次幂是正数； **3.** 0的任何正整数次幂都是0.	设计思考与计算，观察计算结果，经历交流讨论，得出乘法法则和乘方运算的符号规律；强调在书写负数、分数的乘方时，一定要把整个负数、分数用括号括起来,乘方运算转化为乘法运算.
（四）典例剖析	**例1** 计算： (1) $(-2)^3$；(2) 2^3；(3) 0^7； (4) $\left(-\dfrac{1}{2}\right)^5$；(5) $(-3)^2$；(6) 3^2. **例2** 计算： (1) $-\lvert -4 \rvert \times \left(-\dfrac{1}{2}\right)^2$； (2) $-2^3 \times (-2)^2$. **例3** 若 $\lvert a+1 \rvert + (b-2)^2 = 0$，求 $(a+b)^{2021} + a^{2022}$ 的值. **游戏环节：抢红包** 1. 计算： -2^2；$(-2)^2$；$(-2)^3$. 2. 若 a 是最大的负整数，求 $a^{2020} + a^{2021} + a^{2022}$ 的值. 3. 计算：$\left(-\dfrac{3}{5}\right)^{2021} \times \left(-\dfrac{5}{3}\right)^{2022}$.	通过三个典例，突破难点，让学生对乘方的理解逐步深入，能力进一步得到提高.

（续表）

教学环节	教学内容	设计意图
（四） 典例剖析	4. 若 $\left(x-\dfrac{1}{2}\right)^2+(2y+1)^2=0$，求 x^2-y^2 的值. 5. 下列各组数中，结果相等的有（　　）对. -5^2 和 $(-5)^2$， $(-3)^3$ 和 -3^3， $-(-2)^3$ 和 -2^3， $(-1)^{2n}$ 和 $(-1)^{2n+1}$， 0^{2018} 和 0^{100}， $\dfrac{2^3}{3}$ 和 $\left(\dfrac{2}{3}\right)^3$. 6. 观察下列算式，$2^1=2$，$2^2=4$，$2^3=8$，$2^4=16$，$2^5=32$，$2^6=64$，$2^7=128$，$2^8=256$，…，根据上述式中的规律，你认为 2^{2023} 的末位数字是（　　）. A. 2　　　　　　B. 4 C. 6　　　　　　D. 8	通过抢红包游戏激发学生的积极性，提高参与度，培养学生的竞争意识，提高做题速度，活跃课堂气氛.
（五） 拓展升华	1. 求 $1+2+2^2+2^3+\cdots+2^{63}$ 的值. 2. 求 $1+5+5^2+5^3+\cdots+5^n$ 的值.	逐步提升训练难度，激发学生的探究欲望，开阔视野，培养学生创新性思维，初步了解等比数列的求和方式，提高知识迁移能力.
（六） 感悟小结	谈谈本节课你有什么收获？ 1. 乘方、幂、底数和指数的定义. 2. 有理数乘方运算法则.	通过感悟小结，理清课堂思路，巩固概念和法则，及时提出问题，发现问题，将其转化为自己的深刻体会.
（七） 教师寄语	$1.01^{365}\approx37.78$，$0.99^{365}\approx0.26$. 同学们，生命在乘方，你们用什么做底数！	总结课堂知识点，以乘方的相关概念作为引线，告诫同学们，生命的价值在于努力和奋斗，每天进步一点点，积少成多，终会有所收获；每天退步一点点，一定会一事无成！

【教学反思】

　　本课例以情景引入，方式新颖，采用微视频方式吸引学生的眼球，极大地调动了学生的思维和关注度，有效地保障了课堂效率．例题设计层次分明，既引导学生发现问题、得出结论，又巩固了课堂知识结构．尤其是"抢红包"游戏环节，使课堂气氛达得到了高潮，学生热情高涨，答题积极，享受探究新知的过程．拓展提升环节充分体现了学生的思维能力，培养学生对所学知识的迁移能力，教师点拨适当，逻辑严谨．最后，老师以寄语结束课堂，逻辑缜密又不失人文关怀，余音绕梁，充分彰显了人文课堂的魅力．课堂容量虽大，但不乏精美的板书，不乏学生精彩的展示．从实际课堂展示来看，教学设计上还需要优化，将拓展提升作为课后训练，让学生有更多的时间充分思考．

案例5　平衡有"束"　变形有"法"
——等式的性质

【教　　材】湘教版数学七年级上册

【教学目标】

(1)理解等式的性质,能利用等式的性质将等式变形;

(2)让学生经历等式性质的探究过程,培养学生观察、归纳、分析、类比的能力,注重数学核心素养的提升;

(3)培养学生参与数学活动的自信心和合作交流意识,在运用等式的性质解决问题的过程中渗透化归的数学思想,加强德育渗透和人文精神的熏陶.

【教学重点】探究和理解等式的性质,并能利用等式的性质将等式变形.

【教学难点】利用等式的性质熟练变形.

【教学过程】

教学环节	教学内容	设计意图
(一) 情景导入	狐狸:我发现 2 和 5 可以一样大. 老虎:怎么可能啊? 狐狸:你看,我这里有一个方程 $5x=2x$,等式两边同时除以 x,不是得到 $5=2$ 了吗? 老虎:这…… 聪明的你,认为狐狸说的对吗? (学生先发表看法,再展开探究,并进行交流.)	通过一段语音对白,提出悖论,激发学生的兴趣和探究本质原因的欲望.
(二) 自主学习	请学生带着问题阅读教材 P87~P88 页. **问题:** 理解等式性质 2,类比等式性质 1,用文字语言和符号语言予以表达. 应用等式性质 2 的过程要注意什么? 通过学生自主学习,归纳出等式性质 2.	让学生带着问题阅读教材,提高发现问题、解决问题的能力,并通过自主学习初步掌握课堂重点,从被动接受变为主动探索.

（续表）

教学环节	教学内容	设计意图
（三） 合作探究	**1. 探究等式性质 1** 师生一起探究教材中的动脑筋问题(1)：如果七年级(1)班的学生人数＝七年级(2)班的学生人数,现在每班增加 2 名学生,那么七年级(1)班与七年级(2)班的学生人数相等吗? 如果每班减少 3 名学生,那么这两个班的学生人数还相等吗? 如果 $a=b$,那么 $a+2=b+2$,$a-3=b-3$. $a+c=b+c$,$a-c=b-c$. 师生一起归纳出等式性质 1. 用文字语言表述为：等式两边都加上（或减去）同一个数（或式）,所得结果仍是等式. 用符号语言表述为：如果 $a=b$,那么 $a\pm c=b\pm c$. **2. 探究等式性质 2** 教师先提出问题：等式两边都乘（或除以）同一个数（或式）,等式仍然成立吗? 再让学生大胆猜想,并进行探究讨论,得出一些讨论结果.（学生分小组进行探究） 最后,师生共同归纳出等式性质 2.	从生活场景入手,让学生既熟悉又易于理解,通过师生合作,探究交流,得出等式的性质,体会从特殊到一般的数学方法.
（四） 典例剖析	**例 1** 填空并说明理由. (1)若 $3x+5=8$,则 $3x=$ _____,理由是 _____; (2)若 $2m-3n=7$,则 $2m=$ _____,理由是 _____; (3)若 $-\dfrac{1}{4}x=4$,则 $x=$ _____,理由是 _____; (4)若 $(a^2+1)x=1$,则 $x=$ _____,理由是 _____. （教师示范后,学生上台展示.） **例 2** 下列变形正确的是 _____. (1)若 $\dfrac{a}{c}=\dfrac{b}{c}$,则 $a=b$;	根据等式的性质设计相应题型,考查在变化过程中做到"平衡有'束',变形有'法'". 抓住性质中"都""同"二字,通过学生口述理由,加强对等式性质的理解,提高说理能力,再在这个基础上回归问题解决,解答疑惑.

（续表）

教学环节	教学内容	设计意图
（四） 典例剖析	（2）若 $a=b$，则 $\dfrac{a}{c}=\dfrac{b}{c}$； （3）若 $x=\dfrac{n}{m}$，则 $mx=n$； （4）若 $(a+1)x=a+1$，则 $x=1$. （学生先独立思考，再小组交流，最后教师点评.） 　　**例3**　（即之前的情境导入问题）方程 $5x=2x$，等式两边同时除以 x，可以得到 $5=2$ 吗？（学生发表自己的看法）	
（五） 拓展提升	已知 $2a-b=4$，请利用等式性质求下列各式的值. （1）$2a-b+2$； （2）$4a-2b$； （3）$1-3b+6a$.	灵活利用等式的性质求代数式的值，提高应用能力，掌握"整体思想"和等式性质的综合应用.
（六） 感悟小结	通过这节课的学习，你有什么收获？ **1.** 等式的性质是什么？ **2.** 应用等式的性质时需要注意什么？	等式的左右两边是平衡的，而要保持这种平衡状态是有约束条件的. 同时，对等式进行合理变形也是有法可循的，即"平衡有'束'，变形有'法'".
（七） 教师寄语	人生就像是一个等式，若左边是少壮不努力，则右边就是老大徒伤悲；若左边是锐意进取，则右边就是学有所成.	由等式的平衡过渡到人生得失的平衡，引导学生感悟人生道理，有付出才有收获. 让人人学有价值的数学，不同的人在数学上得到不同的发展.

【教学反思】

　　本课例主要有以下四个亮点：第一大亮点是生活化的导入，以狐狸和老虎的对话进行课堂导入，独特的视频让课堂一下子活了起来，吸引了学生的眼球. 对话最后提出由 $5x=2x$，"不是得到 $5=2$ 了吗？"这样一个问题，给学生播下了疑惑的种子，让学生带着问题进行探究学习，为学生创设了想要拨开云雾见晴天的探究情境,激发了学生的学习兴趣.第二大亮点是强化了教学形式的主体性,整个学习新知的过程,都是采用学生自主学习、合作探究的形式,让学生自己经历探究的过程,归纳总结等式的性质,充分发挥了学生在课堂上的主体性,真正地把课堂交还给学生.第三大亮点在于例题的设计精巧,例题是使学生掌握解题方法的桥梁,在例题的设计上需要讲究精,注重梯度,紧扣重难点,层层深入,让不同学习层次的学生都能参与进来.第四大亮点是充分挖掘出数学中的人文精神,对主标题的解读和教师寄语,让学生从等式性质中体会到人文价值,启发学生思考人生的意义,在授业解惑的同时做到了以情育人.

案例6　物以类聚　项以群分
——合并同类项

【教　　材】湘教版数学七年级上册

【教学目标】

(1)理解同类项的概念,掌握合并同类项的法则;熟练地求多项式的值.

(2)经历概念的形成过程和法则的探究过程,培养观察、归纳、概括能力,发展应用意识.

(3)在独立思考的基础上,积极参与讨论,敢于发表自己的观点,从交流中获益.

【教学重点】掌握合并同类项的概念,熟练地合并同类项和求多项式的值.

【教学难点】找出同类项并正确地合并.

【教学过程】

教学环节	教学内容	设计意图
(一) 情景导入	以师生大比拼导入,计算一个多项式的值,看谁算得又快又准. 求多项式 $-4x^2+7x+3x^2-6x+x^2+8$ 的值,任意给 x 取一个正整数的值,比一比,看谁最快得到正确答案.	通过游戏比赛,引发学生学习的兴趣,同时激发了学生的好奇心和求知欲,顺利引入新课.
(二) 自主学习	这是一个储蓄罐,里面是一些硬币,现在想知道里面有多少钱,你准备如何计算呢? 	从一个实例引发学生思考,使学生从感性认识上升到理性认识,培养学生的思维能力,使学生从被动学习转为主动探究,感受到学习与探究的乐趣,为后面的学习打下铺垫.

（续表）

教学环节	教学内容	设计意图
（三） 合作探究	1. 观察下列单项式，它们怎样分类？能分为四大类吗？ $100t, 3x^2y, 3ab^2, 4a^2b, 2x^2y, -252t, -4ab^2, -7a^2b.$ 按字母和字母的指数 ★$100t, -252t$ ★$3x^2y, 2x^2y$ ★$-4ab^2, 3ab^2$ ★$-7a^2b, 4a^2b$ 共同特征："两同两无关" ①含有相同字母；相同字母的指数相同. ②与系数无关；与字母顺序无关. **小结**：若两个单项式含有的字母相同，并且相同字母的指数也分别相同，则称它们为同类项. **注意**：几个常数项也是同类项.	通过观察这些单项式，找出共同点，充分发挥学习的主动性，同时也培养了学生分析问题、总结问题的能力.
（四） 典例剖析	**例1** 判断下列各组是否为同类项. (1) $x+y$ 与 xy；　　　　　（　　） (2) $2ab^2$ 与 $-2a^2b$；　　（　　） (3) $5mn^2$ 与 $-2mn^2$；　　（　　） (4) $2xy^2$ 与 $6y^2x$；　　　（　　） (5) 23 与 32；　　　　　　　（　　） (6) πr^2 与 $2r^2$.　　　　　（　　） **例2** (1) $5y^2x$ 与 $-2y^{m-1}x^{n+3}$ 是同类项，则：$m=$ _____，$n=$ _____. (2) 合并同类项： $252t+100t=$ $3x^2y+2x^2y=$ $-4ab^2+3ab^2=$ $-7a^2b+4a^2b=$ 合并同类项的法则：把同类项的系数相加作为结果的系数，字母和字母的指数不变（简记为：一相加，两不变）.	通过例题教学，加深学生对知识的理解和认识.

（续表）

教学环节	教学内容	设计意图
（四） 典例剖析	**例3** 判断题： 下列各题合并同类项的结果对不对？不对的，指出错在哪里. 　　$(1)a+a=2a$ 　　$(2)3a+2b=5ab$ 　　$(3)a-5a=4a$ 　　$(4)3x^2+2x^3=5x^5$ 　　$(5)4x^2y-5xy^2=-x^2y$ 　　$(6)81m-11m=70$ **例4** 合并同类项： 　　$4a^2+2a+3a-8a^2-2$ 回归问题解决： 　　求多项式$-4x^2+7x+3x^2-6x+x^2+8$的值，任意给x取一个正整数的值，比一比，看谁最快得到正确答案.	通过这几道题目来反馈学生对本节所学知识的掌握程度，夯实基础.学生刚刚接触到新的知识，需要一个消化过程，也就是对新知识从不熟悉到熟练的过程.无论是基础的习题，还是变式强化，都要以学生理解透彻为最终目标.
（五） 拓展提升	**闯关练习：** **第一关：**说出下列多项式中的同类项. 　　$4ab-7a^2b^2-8ab^2+5b^2a^2-9ab+a^2b^2$ **第二关：**若$2a^3b^{2m}$与$a^{2n-3}b^8$的和仍是一个单项式，则$m=$ _____，$n=$ _____. **第三关：**若$5xy^2+axy^2=-2xy^2$，则$a=$ _____； **第四关：**如果关于字母x的代数式 　　$-3x^2+ax+bx^2+2x+3$合并后不含x的一次项，则下列说法正确的是（　　　）. 　　A.$a+b=0$　　　B.$a=0$ 　　C.$b=3$　　　D.$a=-2$ **第五关：**若关于x,y的多项式$4x^2+3xy+2y^2-mx^2+6nxy+y-1$的值与$x$的值无关，求$m,n$的值. **第六关：**合并同类项： 　　$2(x+y)+3(x-y)^2-5(x+y)-8(x-y)^2+(x+y)$.	可以照顾不同层次的学生，调动学生学习积极性.

（续表）

教学环节	教学内容	设计意图
（六） 感悟小结	本节课你有什么收获？ 1. 同类项的概念. 2. 合并同类项的法则.	回顾学过的知识，总结本节内容，提高学生的归纳以及语言表达能力.
（七） 教师寄语	你是谁，决定了你的起点；和谁在一起，决定了你的终点.	利用寄语，进行励志思想教育，传递真善美，让学生深深明白：人要想走得远，就需要与志同道合者一起行动.

【教学反思】

　　本课例是一堂经典的数学人文课堂. 教学设计比较合理，以师生大比拼导入新课，激发学生学习兴趣，一开始就进入高潮；注意鼓励学生大胆发言，注意从生活实际问题出发，展现知识的形成过程，使学生能够利用已有的生活知识和数学知识，通过知识迁移、类比的方法归纳得出同类项的定义及合并同类项的方法；使学生觉得数学概念的学习不再是单调乏味的，逐步提高学生的抽象概括能力. 引出同类项的概念时，以启发和讨论交流为主，让学生自己观察，总结出合并同类项的法则；为照顾不同层次的学生，调动学生学习积极性，在拓展升华的环节设计了知识大闯关；通过习题的检测和学生的反馈，圆满完成预设的学习任务，达到预期效果；但在教学过程中本堂课也留下了些许遗憾，例如：教学时间前松后紧，节奏不协调；学生上台展示的机会偏少，没有很好地完成知识的反馈.

案例7 以不变应万变

——平方差公式

【教　　材】湘教版数学七年级下册

【教学目标】

(1)理解平方差公式的本质,即结构的不变性、字母的可变性;

(2)培养学生用数学的思维思考世界的能力,为学生提供运用平方差公式来探究技巧性计算的平台.

(3)体会数学源于生活、高于生活、运用于生活的科学价值与文化价值.

【教学重点】平方差公式的本质的理解与基本运用.

【教学难点】平方差公式的灵活运用.

【教学过程】

教学环节	教学内容	设计意图
(一) 情景导入	老板,我要喷绘一张图纸,它的长为10.3米,宽为9.7米.请您帮我快速计算一下这张喷绘图纸的面积是多少. 优印图文 ~欢迎您~	通过情境创设,引发学生学习的兴趣,同时激发了学生的好奇心和求知欲,顺利引入新课.
(二) 自主学习	1. 回忆多项式乘多项式的法则. 2. 计算: $(x+2)(y-3)$ $(x+2)(x-3)$ $(x+2)(x-2)$ 3. 设计比赛:两个一次二项式相乘,使得最后结果只有两项.	1. 让学生运用前面已掌握的多项式乘多项式的法则,自己动手演算,积极思考,尝试用数学语言表述,为后面的抽象概括做好准备. 2. 开放性题型设计,并开展比赛,直观感受平方差公式的结构.

（续表）

教学环节	教学内容	设计意图
（三） 合作探究	教师同时叫两个学生上台展示设计出来的算式. 引导学生思考并比较这些算式及结果的特征，怎样的两个一次多项式相乘，其最后结果只有两项呢？抽象概括出它们的共同结构："两个数的和与这两个数的差的乘积等于这两个数的平方差." 它就是整式乘法的第一个乘法公式——平方差公式. $$(a+b)(a-b)=a^2-b^2.$$ 1. 代数验证 2. 几何验证	由特殊到一般，通过引导，与学生共同抽象概括出平方差公式，发挥教师的主导作用、学生的主体作用，培养学生抽象概括能力. 设计几何解释，目的是使学生看到数学中的公式反映了实际问题中的客观关系，是看得见摸得着的，消除"数学只是一些枯燥的公式、规定，没有什么实际的意义"这样的偏见.
（四） 典例剖析	**例1** 计算： (1)$(2x+1)(2x-1)$; (2)$(2a-5b)(2a+5b)$; (3)$(1+2mn)(2mn-1)$. **分析**：引导学生识别出它们都是两个数的和与这两个数的差的乘积的形式. **例2** 下列各式能用平方差公式计算的有_____.（只填序号） ①$(a+b)(b-a)$; ②$(a+b)(-a+b)$; ③$(-a+b)(-a-b)$; ④$(-a+b)(a-b)$. 回归问题解决：巧算 $10.3×9.7$ **例3** 计算：102^2-98^2.	**1.** 根据变式理论，设计了不同形式的典型例题，强化平方差公式的本质，即：结构的不变性，字母的可变性. **2.** 这组练习主要是要考查学生是否真正掌握平方差公式的结构. 可以让学生接触不同形式的问题，建立起以数的眼光看式子的整体观念，进一步强化对平方差公式本质的理解，即：结构的不变性，字母的可变性. **3.** 呼应情景导入，解答学生心中的疑惑，弥合学生心中的"缺口"，让他们体会到平方差公式的妙处. 本题主要是培养学生的逆向思维能力.

（续表）

教学环节	教学内容	设计意图
（五） 拓展提升	计算：$(2+1)(2^2+1)(2^4+1)\cdots(2^{32}+1)+1$. 并确定其个位数字是多少.	本题主要是考查学生对平方差公式的变化应用能力.
（六） 感悟小结	1. 平方差公式的本质： $(a+b)(a-b)=a^2-b^2$. （1）结构是稳定不变的，即：只要是两个数的和与这两个数的差的乘积，就一定等于这两个数的平方差. （2）公式中的字母 a 和 b 却可以"变脸"！可以是其他单个的字母，可以是正数，也可以是负数；可以是多个字母组成的单项式，也可以是多项式. 2. 我们为什么要学习平方差公式？学了它我们能做什么呢？ 在进行某些乘法运算时，利用平方差公式，可以进行简便、快速运算.	让学生看到公式的本质所在，能突破公式字面意义的局限性，建立起较高层次的条件反射，而不是机械地记忆公式. 进一步突破"结构的稳定性，字母的可变性"这一难点.
（七） 教师寄语	时代风云巨变，但共产党人的初心和使命不变！	升华本节课的数学知识，达到课堂教育价值的最大化.

【教学反思】

本课例以问题为主线，让学生真正经历观察、发现、思考、猜想、验证、构建等完整而又丰满的学习过程，顺利地完成了预设的学习任务，达到了课堂教育价值的最大化. 亮点主要体现在以下五个方面：

1. 开展的"多项式乘多项式，最后结果只有两项"的设计比赛，充分调动了学生学习的积极性，非常巧妙地让学生对平方差公式的表象有了足够的认识，为后面的继续学习起到了很好的铺垫作用.

2. 从"数"和"形"两个方面对平方差公式进行验证，既全面渗透了数形结合思想，又加深了对公式的理解和掌握，尤其让学生受到了严谨的数学精神的熏陶.

3. 例题的选取具有代表性，从低、中、高三个层次进行立体式训练，加强了平方差公式的正向、逆向和变向运用，进一步强化对公式的理解.

4. 教学过程环环相扣，从情景导入到教师寄语，七个环节一气呵成，富有逻辑感，给人一种通畅淋漓的感觉.

5. 本堂课是一堂经典的数学人文课，主标题"以不变应万变"是点睛之笔，道出了公式的本质；教师寄语彰显人文精神，真正达到以文化育人、以德育人的目的.

当然，在实际教学过程中，本堂课也还存在需要改进的地方. 例如：要进一步优化每一个环节，更好地把握时间的节奏；要多倾听学生的心声，真正创设一种民主平等、和谐共进的教学氛围.

案例8 新冷客车上的思考
——线段、射线、直线

【教　　材】湘教版数学七年级下册

【教学目标】

(1)在现实情境中了解线段、射线、直线等简单的平面图形;通过操作活动,理解"两点确定一条直线"的基本事实,积累操作活动经验.

(2)让学生经历观察、思考、讨论、操作的过程,培养学生抽象化、符号化的数学思维能力,建立从数学中欣赏美,用数学创造美的思想观念.

(3)感受图形世界的丰富多彩,能够主动参与教师组织的数学活动.

【教学重点】线段、射线、直线的符号表示方法.

【教学难点】培养学生几何语言的表达能力,强化学生的空间观念.

【教学过程】

教学环节	教学内容	设计意图
(一) 情景导入	假如往返于新化、冷水江两地的客车,中途必须停靠西站、立新桥、一中、思沁四个公交站点,请问: (1)需要制定多少种不同的票价?(里程越长,票价越高) (2)需要设计多少种不同的车票? 新化　西站　立新桥　一中　思沁　冷水江	通过生活情境创设,吸引学生眼球,激发学生挑战欲.让学生带着疑问学习新知,寻找解决办法.
(二) 自主学习	1. 自学教材 P117~P119,会表示线段、射线、直线,并能找出三者的区别. 2. 理解点与直线的位置关系. 3. 理解"两点确定一条直线"的基本事实.	学生自主学习,了解线段、射线与直线的概念.完成自学任务,培养学生独立思考的能力.

表格:

名称	图形	表示方法		端点个数	延伸方向	长度
		用大写字母表示	用小写字母表示			
线段	$A\underset{a}{\bullet\!\!-\!\!-\!\!\bullet}B$					
射线	$O\bullet\!\!-\!\!-\!\!\bullet A$					
直线	$\underset{m}{\bullet\!\!-\!\!-\!\!\bullet}C\,D$					

（续表）

教学环节	教学内容	设计意图
（二） 自主学习	**自学检测** **1.** 线段、射线、直线的表示方法及区别. **2.** 点与直线的位置关系： 点和直线的位置关系有_____种： (1)点在直线上 点 P 在直线 n 上(直线 n 经过点 P). (2)点在直线外 点 Q 在直线 n 外(直线 n 不经过点 Q). 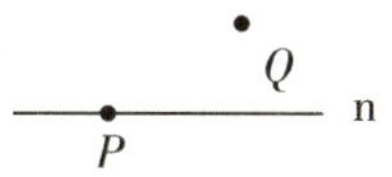 当两条直线只有一个公共点时,则称这两条直线_____.公共点被称为_____. 如直线 a 与直线 b 相交于点 O. 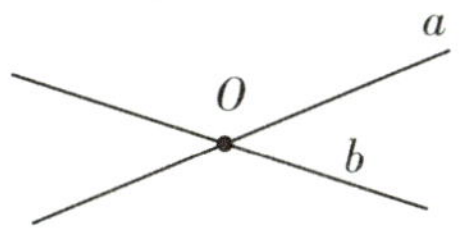	
（三） 合作探究	经过一个点可以画几条直线？经过两个点可以画几条直线？ (1)学生动手操作； (2)互相交流结果； (3)师生台上展示； (4)得出结论. 经过一点可以画无数条直线； 经过两点只能画一条直线. 归纳基本事实:过两点有且只有一条直线.简单说成:两点确定一条直线.	通过小组合作,代表汇报,培养学生合作探究的能力,鼓励学生大胆地表达自己的观点.
（四） 典例剖析	**1.** 按下列语句画出图形. (1)点 P 在直线 a 外； (2)以 O 为端点的三条射线 OA、OB、OC； (3)点 C 在线段 AB 上.	

(续表)

教学环节	教学内容	设计意图
(四) 典例剖析	**2.** 下列生活现象:①用两个钉子,就可以把木条固定在墙上;②植树时,只要定出两棵树的位置,就能确定这一行树所在的直线.它们都能用基本事实"_____"来解释. **3.** 如图,图中射线有_____条,线段有_____条. 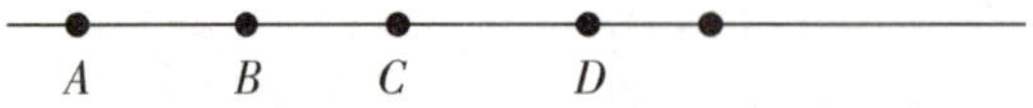 A B C D	题型多样,层次鲜明,培养学生的动手能力.例题层层递进,激发学生挑战欲望,提高学习兴趣.
(五) 拓展提升	假如往返于新化、冷水江两地的客车,中途必须停靠西站、立新桥、一中、思沁四个公交站点,请问: (1)需要制定多少种不同的票价?(里程越长,票价越高) (2)需要设计多少种不同的车票? 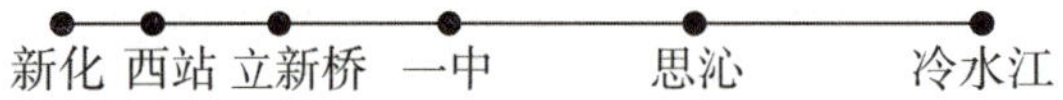 新化 西站 立新桥 一中 思沁 冷水江	回归问题解决,再次激发学生求知欲,首尾呼应,课堂结构更加完整.学生掌握新知的基础上,挑战难点,发散学生思维.
(六) 感悟小结	**1.** 请大家谈谈本堂课的收获与感悟. **2.** 知识总结: (1)掌握了线段、射线、直线的表示方法及区别,理解了点与直线的位置关系. (2)探索出了"两点确定一条直线"的基本事实,了解其在生活中的运用,体会到数学就在我们身边.	课堂小结让学生畅谈本节课的收获,培养学生的归纳能力和表达能力.建立新知与旧知的联系,巩固所学知识.
(七) 教师寄语	人生如线段,希望同学们能像射线一样勇往直前,去开创像直线般无限美好的未来!	教师寄语是对线段、射线与直线的巧妙比喻,让学生感受到数学的乐趣,提高学生学习兴趣.

【教学反思】

本课例是几何的入门课,其知识点具有一定的抽象性,但经过巧妙的设计,使课堂变得丰富多彩.课堂设计主标题"新冷客车上的思考"吸引学生眼球,激发学生思考,自然地引出新课.在教学中有以下几点成功之处:

本堂课注重学生的抽象思维和动手能力,以自主学习、合作、探究为主线,层次分明、逻辑性强,让学生初步感受到几何的美;主标题和情景导入都是从学生身边的实例出发,更容易激发学生的学习兴趣.让学生感受到身边处处有数学,学会用数学的眼光观察世界;教师寄语将几何图形与祝福语相融合,别有一番风味,让抽象的几何课堂充满活力,学生课后回味无穷.

在教学中本堂课也有一些不足之处,例如:学生自主学习时没有跟上节奏,没有完成指定的任务;新冷公路票价的知识点讲解不够细致,部分学生还是没有完全消化.

案例9 百年孤独
——平行线的性质

【教　　材】湘教版数学七年级下册

【教学目标】

（1）掌握平行线的性质，并能用它们进行简单的推理和计算.

（2）掌握探究平行线性质的过程，培养学生的观察能力、操作能力、说理能力和数学语言表达能力.

（3）通过探究平行线的性质，培养学生的探究能力，体验解决问题的方法和乐趣，增强学习兴趣，提高学生数学素养.

【教学重点】掌握平行线的性质，并能用它们进行简单的推理和计算.

【教学难点】平行线的性质的运用.

【教学过程】

教学环节	教学内容	设计意图
（一）情景导入	湖南省新化县思沁学校七年级同学聪聪，周末在外面跑步时，发现了一个有趣的数学问题： 如图，一条公路经两次拐弯后保持了与第一次拐弯前相互平行的状态，假设第一次拐弯以后，∠B 是 142°，则第二次拐弯以后，∠C 是多少度？  	从生活问题导入，联系生活实际，符合学生的认知.让学生懂得生活中处处有数学，数学源于生活，又服务于生活.
（二）自主学习	自学教材第 P86～P88 页，学习目标如下： 1.掌握平行线的三条性质，并能用它们进行简单的推理和计算. 2.灵活运用平行线的性质解决问题.	本环节师生双方都要明确教学目标，为学生提供认识学习的方向性与指令性，使学生明白这节课到底要学会哪些知识，并能在课后进行反思，这几点学习目标到底有没有达到.做到有的放矢，心中有数.

（续表）

教学环节	教学内容	设计意图
（三）合作探究	**探究1：** 我们先思考：两直线平行,同位角有什么数量关系? 方法一：直接测量法. 在下图中,$AB /\!/ CD$,用量角器量下面图形中标出的角,然后填空： 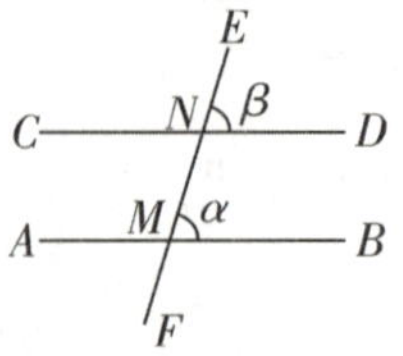 $\angle \alpha$ _____ $\angle \beta$. 方法二：裁剪叠合法. 让学生用纸去剪、拼. 方法三：作平移推理法. 如上图,设 $AB /\!/ CD$,截线 MN 与 AB,CD 分别相交于 M,N 两点. 作平移使 $\angle \alpha$ 的顶点 M 移到 $\angle \beta$ 的顶点 N 处,由于平移把直线 AB 变成与它平行的直线 CD,又已知 $AB /\!/ CD$,且 CD 经过点 N. 因此,平移把直线 AB 变成直线 CD,从而 $\angle \alpha$ 变成 $\angle \beta$,所以 $\angle \alpha = \angle \beta$. 根据这些操作,你能得出什么结论? **平行线的性质1：**两条平行直线被第三条直线所截,同位角相等.（简称：两直线平行,同位角相等） 符号语言： $\because a /\!/ b$（已知）, $\therefore \angle 1 = \angle 2$.（两直线平行,同位角相等） 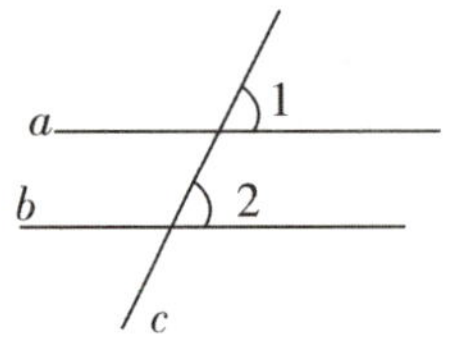 **探究2：** 两条平行直线被第三条直线所截,内错角具有怎样的数量关系? 如图,平行直线 AB,CD 被直线 EF 所截,$\angle 1$ 与 $\angle 2$ 是内错角. 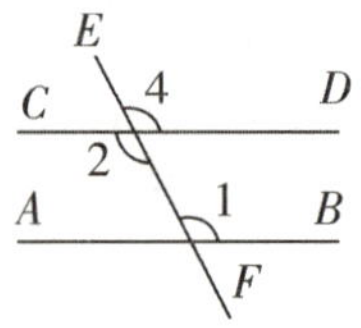 $\because AB /\!/ CD$, $\therefore \angle 1 = \angle 4$.（两条平行直线被第三条直线所截,同位角相等）	在探究平行线性质的过程中,培养学生的观察能力、操作能力、说理能力和数学语言表达能力. 本环节通过设计课堂探究活动,充分调动学生的自主学习能力、主动发现问题能力；引导学生独立思考、主动探索、合作交流,经历过程与方法的探究,发展学生的创造性思维；使学生理解和掌握基本的数学知识与技能,体会和运用数学思想与方法,获得基本的数学活动经验,最终解决问题.

(续表)

教学环节	教学内容	设计意图
	又∵∠2＝∠4(对顶角相等), ∴∠1＝∠2(等量代换). 从实践探究我们可以发现: **平行线的性质2**:两条平行线被第三条直线所截,内错角相等.(简称:两直线平行,内错角相等) 符号语言: ∵$a /\!/ b$(已知), ∴∠3＝∠2.(两直线平行,内错角相等)	

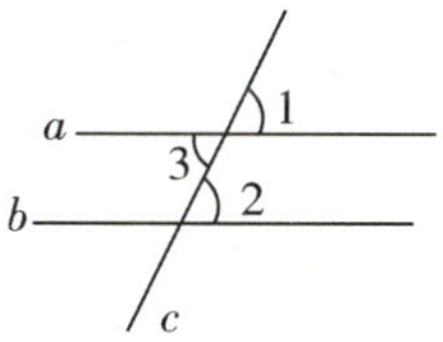

(三) **合作探究**	**探究3**: 两条平行直线被第三条直线所截,同旁内角有怎样的数量关系? 如图,平行直线 AB,CD 被直线 EF 所截,∠1与∠3是同旁内角. ∵$AB /\!/ CD$ ∴∠1＝∠4(两条平行直线被第三条直线所截,同位角相等), 又∵∠3＋∠4＝180°, ∴∠1＋∠3＝180°.(等量代换) 从实践中,我们可以发现: **平行线的性质3**:两条平行直线被第三条直线所截,同旁内角互补.(简称:两直线平行,同旁内角互补) 符号语言: ∵$a /\!/ b$(已知), ∴∠4＋∠2＝180°.(两直线平行,同旁内角互补) **小结**: 平行线的三条性质.	

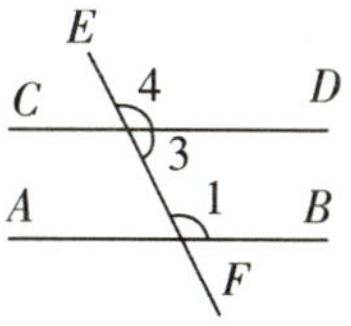

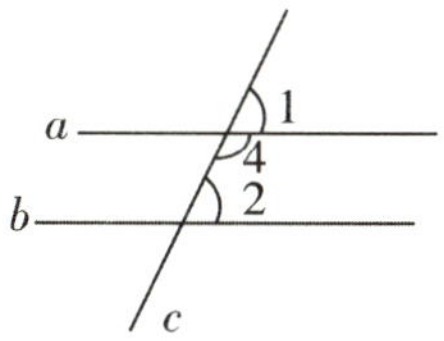

（续表）

教学环节	教学内容	设计意图
（四） 典例剖析	**例1** 如图，直线 AB,CD 被直线 EF 所截，$AB/\!/CD$，$\angle 1=100°$，求 $\angle 3$ 的度数. 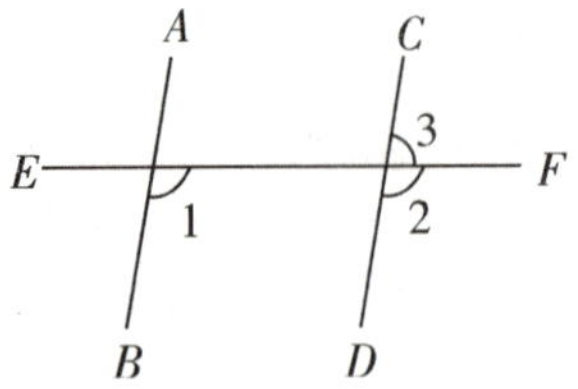 **解**：$\because AB/\!/CD$， $\therefore \angle 1=\angle 2=100°$. （两直线平行，同位角相等） 又 $\because \angle 2+\angle 3=180°$， $\therefore \angle 3=180°-\angle 2=180°-100°=80°$. **学生思考**：你能分别用平行线的性质2和性质3求出 $\angle 3$ 的度数吗？ **例2** 问题回归：如图，一条公路经两次拐弯后保持了与第一次拐弯前相互平行的状态，假设第一次拐弯以后，$\angle B$ 是 $142°$，则第二次拐弯以后，$\angle C$ 是多少度？  **解**：$\angle C=142°$， $\because$ 两直线平行，内错角相等. **例3** 如图，$AD/\!/BC$，$\angle B=\angle D$，问：$\angle A$ 与 $\angle C$ 相等吗？为什么？  **解**：$\because AD/\!/BC$， $\therefore \angle A+\angle B=180°$. $\angle D+\angle C=180°$. （两直线平行，同旁内角互补） 又 $\because \angle B=\angle D$（已知）， $\therefore \angle A=\angle C$.	此内容是本课堂的重要环节，设计低、中、高三级梯度的例题进行剖析，加强学生对知识点的消化和巩固；回归情境导入中的问题. 迁移运用，举一反三，将数学思想渗透进课堂，提高学生核心素养.

(续表)

教学环节	教学内容	设计意图
（五）拓展提升	1. 如图，$AB/\!/CD$，直线 EF 分别交 AB，CD 于 E，F 两点，$\angle BEF$ 的平分线交 CD 于点 G，若 $\angle EFG$ $=72°$，则 $\angle EGF$ 等于（ 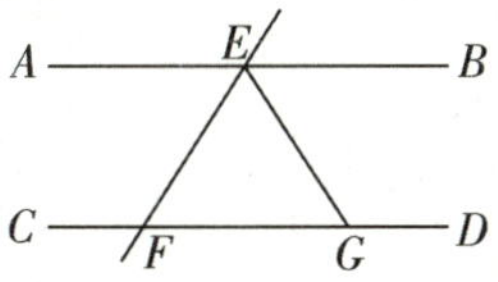　　　） A. 36°　　B. 54°　　C. 72°　　D. 108° **解析**：∵ $AB/\!/CD$（已知）， ∴ $\angle EFG + \angle BEF = 180°$.（两直线平行，同旁内角互补） $\angle BEG = \angle EGF$.（两直线平行，内错角相等） ∵ $\angle EFG = 72°$，∴ $\angle BEF = 180° - \angle EGF = 180° - 72° = 108°$. 又∵ GE 是 $\angle BEF$ 的平分线，∴ $\angle EGF = \angle BEG = \dfrac{1}{2}\angle BEF = \dfrac{1}{2} \times 108° = 54°$. 2. 如图，$AB/\!/CD$，若 $\angle ABE = 120°$，$\angle DCE = 35°$，则 $\angle BEC = $ _____ 度. 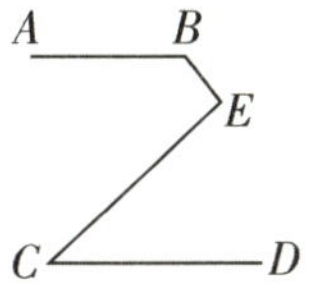 **解析**：过点 E 作 $EF/\!/AB$，则 $\angle ABE + \angle BEF = 180°$.（两直线平行，同旁内角互补） 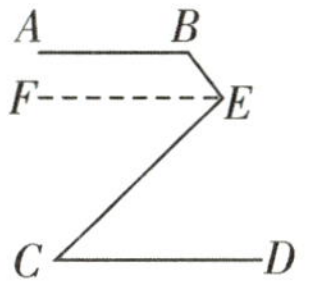 ∵ $\angle ABE = 120°$， ∴ $\angle BEF = 180° - 120° = 60°$. ∵ $AB/\!/CD$，$EF/\!/AB$ ∴ $EF/\!/CD$.（平行于同一条直线的两条直线平行） ∴ $\angle FEC = \angle DCE = 35°$.（两直线平行，内错角相等） ∴ $\angle BEC = \angle BEF + \angle FEC = 60° + 35° = 95°$. **小结**：需添加辅助线，构造角的关系.	通过设计有一定梯度的综合题，这样能培养学生的观察能力、综合应用能力，体验解决问题的方法和乐趣，增强学习兴趣，体会到成功的感受，实现"我参与，我快乐，我成功".

（续表）

教学环节	教学内容	设计意图
（六） 感悟小结	通过这节课的学习，谈谈你的收获与疑惑.	让学生畅所欲言谈收获，介绍自己在本节课获取的知识、能力、情感方面的收获及学习中的困惑.既锻炼了学生的归纳总结能力，又进一步巩固了所学知识.由困惑而得知，在课后去查漏补缺.此时去布置作业，要求少而精，力求达到巩固本课堂所学知识.
（七） 教师寄语	因为只能对视遥望，所以牵挂；因为不能彼此拥有，所以珍惜！	课堂最后精心设计了教师寄语，形象贴切，彰显数学理性美的同时也融入数学的人文美，让知识技能与人文精神交相辉映，和谐共处，演绎出数学课堂的灵动.

【教学反思】

本课例采用了数学人文课堂教学"七环节"进行教学，目标合理、思路清晰、层层递进、活而有序，能时刻"输入活化能，焕发生命力".几个亮点如下：

1. 整堂课最突出的环节是合作探究平行线性质的得到过程.让学生经历操作、探索、猜想、验证.学生在充分活动的基础上，由学生合作探究，得出结论，让学生感受成功的喜悦，增强学习的兴趣和学习的自信心.在探究"两直线平行，同位角相等"时，要求全体学生参与，体现了新课程理念下的交流与合作要求.

2. 教学中关注了例题和习题的选择与设计.由浅入深，分层次，有梯度地选取例题、习题，加深了学生对平行线性质的理解，起到了巩固知识、拓展延伸的作用.

3. 侧重于对学生数学能力的培养.在探索过程中，着重培养了学生独立思考、归纳概括、合作交流、自我展示、分析问题、解决问题的能力.教师既精心设计了问题情境，又关注了学生的活动，同时发挥了教师作为引导者的作用，让学生在自主探究、合作交流中领悟知识，提升能力，因而呈现出了活跃、民主、高效的课堂氛围.

但本堂课在实际教学中也存在一些问题，例如：生怕学生"吃不饱"，课堂时间有所拖延；学生在灵活运用知识上还有欠缺；学生推理过程的书写格式还不够规范.

案例10 众人划桨开大船
——平均数

【教　　材】湘教版七年级数学下册

【教学目标】
(1)在现实的情景中理解平均数的意义,认识平均数的优、缺点.
(2)用数学的思维思考世界,正确运用平均数处理一些实际问题.
(3)体会数学源于生活实际,服务于生活的科学价值与文化价值.

【教学重点】平均数的意义及平均数的计算.

【教学难点】平均数的意义.

【教学过程】

教学环节	教学内容	设计意图
(一) 情景导入	问题一:怎样计算本次期中考试你七门功课的平均分呢? 问题二:某条小河平均水深1.3米,一个身高1.6米不善水性的男孩在这条河里游泳有没有危险呢? 问题三:小王在学校举行的演讲比赛中,10位评委教师所打的分如下:9.9,9.5,9.2,9.0,9.4,9.5,9.2,9.3,8.2,9.7.你认为怎样计算小王的得分才比较公平合理?	通过情境创设,让学生充分发表自己的意见,激发学习的兴趣,全面调动学生的好奇心和求知欲,顺利引入新课.
(二) 自主学习	阅读教材相关内容,了解平均数的概念、意义以及平均数的缺点.	让学生先自主学习,初步理解平均数的意义和计算方法.
(三) 合作探究	1.平均数的概念: 一组数据 $x_1,x_2,x_3,\cdots,x_n$ 的平均数为: $$\bar{x}=\frac{1}{n}(x_1+x_2+x_3+\cdots+x_n).$$ 2.平均数的意义: 它刻画出了一组数据的平均水平,利用到了其中的每个数据,却不能反映出每个数据的具体大小. 3.平均数的缺点: 它容易受极端值的影响,有时将极端值去掉后再计算平均数,才显得更为公平合理.	由特殊到一般,通过引入平均数的计算公式,发挥教师的主导作用和学生的主体作用,培养学生的抽象概括能力.

（续表）

教学环节	教学内容	设计意图
（四）典例剖析	**例1** 为了考察甲、乙两种农作物的长势，研究人员分别抽取了10株苗，测得它们的高度如下（单位：cm）： 甲：9，8，11，12，9，13，10，8，12，8； 乙：8，14，11，11，9，12，7，7，9，11． 你认为哪种农作物长得高一些？说说理由． **例2** 从一批机器零件毛坯中取出10件，称得它们的质量如下：（单位：千克） 201　206　202　206　200 206　201　199　208　201 请用不同的方法求这批零件质量的平均数． **练习：** 1．一组数据：40，37，x，64．其平均数是53，则x的值是（　　）． A．67 B．69 C．71 D．72 2．甲、乙、丙三种饼干售价分别为3元、4元、5元，若将三种饼干中甲种10斤、乙种8斤、丙种7斤混到一起，则售价应该定为每斤（　　）． A．3.88元 B．4.3元 C．8.7元 D．8.8元 3．小明所在班级的男同学的平均体重是45 kg，小亮所在班级的男同学的平均体重是42 kg，则下列判断正确的是（　　）． A．小明体重是45 kg B．小明比小亮重3 kg C．小亮体重小于45 kg D．小明与小亮体重可能相等	根据变式理论，设计了不同形式类型的典型例题，加深对平均数意义的理解． 用不同的方法计算一组数据的平均数，利用一题多解，优化平均数的计算． 本题主要是考查学生对平均数的意义的理解．

（续表）

教学环节	教学内容	设计意图
（五） 拓展升华	1. ××公司招工，待遇从优，称员工月平均工资达到 5000 元. 结果一位员工在开工资时却只拿到了 3000 元，于是他状告公司老板不遵守承诺. 请问，这位员工的官司能打赢吗？ 2. 一组数据 $-1,2,-4,a,b,c$ 的平均数是 -4，求 a,b,c 三数的平均数. 3. 已知一组数据 $x_1,x_2,x_3,\cdots,x_n$ 的平均数是 3，求下面各组数据的平均数： $(1)x_1+5,x_2+5,x_3+5,\cdots,x_n+5$； $(2)2x_1,2x_2,2x_3,\cdots,2x_n$； $(3)2x_1+5,2x_2+5,2x_3+5,\cdots,2x_n+5$； $(4)ax_1+b,ax_2+b,ax_3+b,\cdots,ax_n+b.$	让学生看到平均数的本质，能突破平均数的字面意义的局限性，建立起较高层次的有意义的和抽象的计算，让数学充满灵性.
（六） 感悟小结	1. 你有什么收获想和大家说？ 2. 你有什么困惑想和老师说？	让学生发表自己的看法，能用数学语言描述世界.
（七） 教师寄语	生活没有最高分，事业没有最低分，人生需要平均分！	升华本节课的数学知识，达到课堂教育价值的最大化.

【教学反思】

平均数是统计中的一个重要概念，对于学生来说它并不抽象. 本案例，我们让学生在具体情境中体会为什么要学习平均数，教学中注重引导学生理解平均数的意义，在比较、观察中把握平均数的特征，进而运用平均数解决问题，了解它的价值. 这节课主要有以下两个亮点：

1. 善于创造有效的数学学习方式. 采用自主探究和小组合作的方式，让学生自己探索出求平均数的方法. 然后引导学生感受到方法的本质都是让原来不相同的数变得相同，从而引出平均数的概念. 同时渗透：平均数处于一组数据的最大值和最小值之间，能反映一组数据的整体水平. 这样一来，学生对平均数这一概念的认识显得更为深刻和全面.

2. 注重从生活中提炼出数学问题. 首先抛出三个问题，引导学生展开交流、思考. 让学生感受到数学就在我们身边，从而深刻认识到数学的价值与魅力，感受平均数是实际生活中需要的概念，也产生了学习"平均数"的需求. 平均数的教学只有组织好了这个过程，学生对平均数的统计意义以及作用才有比较深刻的理解.

这堂课在教学过程中也有很多不足，例如：各个环节的时间安排不是很合理；课堂内练习的时间不够多；重点、难点处理得不够细；等等.

案例11 旅途中的邂逅
——一元一次方程模型的应用：相遇问题

【教　　材】湘教版数学七年级上册
【教学目标】
　　(1)学会探寻相遇问题中的等量关系.
　　(2)会列一元一次方程解决行程问题中的相遇问题.
　　(3)培养学生运用所学知识解决实际问题的能力,更好地掌握本节课的知识点.
【教学重点】使学生学会同时解答出发相向而行和不同时出发相向而行的相遇问题,列出一元一次方程并正确地解答.
【教学难点】区分两种情况的相遇问题,找出相应的等量关系.
【教学过程】

教学环节	教学内容	设计意图
(一)情景导入	新化县思沁学校不少老师来自长沙,每周末需往返长沙与新化两地,若两地相距 240 千米.两名老师分别于长沙和新化开车沿同一线路出发,A 车每小时行驶 80 千米,B 车每小时行驶 100 千米. 请根据上述情境,编写一道求与时间有关的应用题.	从学校生活出发,引发学生学习的兴趣,激发了学生的好奇心和求知欲,顺利引入新课.
(二)自主学习	自学课本 P101～P102,目标如下: 1. 了解时间、路程、速度之间的关系是什么; 2. 初步熟悉相遇问题所包含的几种情况; 3. 学会找出相遇问题中的等量关系,并列出方程.	让学生回忆前面学过的时间、路程、速度的关系,积极思考,尝试找出相遇问题中不同情形的等量关系,从而列出方程.
(三)合作探究	收集小组所编题目,选取一道来合作探究: 例:A、B 两车分别停靠在相距 240 千米的甲、乙两地,A 车每小时行驶 50 千米,B 车每小时行驶 30 千米. 问题:(1)若两车同时相向而行,请问 B 车行驶了多长时间后与 A 车相遇? 　(2)若两车同时相向而行,请问 B 车行驶了多长时间后两车相距 80 千米?	教师通过引导,让学生及时总结相遇问题中基本等量关系,发挥教师的主导作用和学生的主体作用,培养学生的概括能力.

（续表）

教学环节	教学内容	设计意图
（四） 典例剖析	**例1**　A、B 两车分别停靠在相距 240 千米的甲、乙两地，A 车每小时行驶 50 千米，B 车每小时行驶 30 千米，A 车出发 1.6 小时后 B 车再出发．问：若两车相向而行，请问 B 车行驶了多长时间后与 A 车相遇？ **例2**　甲、乙两车分别从 A，B 两地同时出发，相向而行．已知 A，B 两地的距离为 480 千米，且甲以每小时 65 千米的速度行驶．若两车 4 小时后相遇，则乙车的行驶速度是多少？	能灵活处理相遇问题中的不同情形．
（五） 拓展提升	1. 小明和小刚家距离 900 m，两人同时从家出发相向而行，5 min 后两人相遇，小刚每分钟走 80 m，小明每分钟走（　　　） 　A. 80 m 　B. 90 m 　C. 100 m 　D. 110 m 2. A，B 两地相距 480 千米，一列慢车从 A 地开出，每小时行驶 70 千米，一列快车从 B 地开出，每小时行驶 90 千米，根据上述条件回答： （1）两车同时开出，相向而行，x 小时相距 100 千米（相遇前），则由条件列出方程为　　　　． （2）两车同时开出，相背而行，x 小时后两车相距 620 千米，由条件列出方程为　　　　．	让老师及时了解学生对当堂知识的掌握情况．
（六） 感悟小结	（一）相遇问题的常见类型 1. 同时出发；（两段） 2. 不同时出发．（三段） （二）相遇问题的等量关系： $s_甲 + s_乙 = s_总$ $s_先 + s_甲 + s_乙 = s_总$	考查学生能否自主总结和掌握本节课的主要知识．

（续表）

教学环节	教学内容	设计意图
（七） 教师寄语	彼此有缘，相遇思沁，今天你以母校为荣，明日母校以你为傲。	相遇是美，努力奋斗，人要有感恩之心。在数学课堂中融入人文元素，既彰显了数学的理性美，也融入了数学的人文美。

【教学反思】

本课例的主要内容是相遇问题，要求学生学会用线段图分析行程问题中的数量关系，提高列方程解应用题的能力。重点是对相遇时间的理解，难点是对相等关系的把握。本堂课在教学设计和组织上很好地解决了这些问题，体现了新课程标准理念。具体体现在：

1. 情境的创设贴近生活，从生活实际入手，引导学生将生活问题转化成数学问题，学生比较容易理解"相遇"，并能自主地分析并尝试解决问题。

2. 教学中较为充分地发挥学生的自主性，教师创设问题情景，让学生在观察、思考中明确问题的提出，经历尝试解决问题的探究过程，从而获得成功的体验。

3. 在教学过程中，还能注意实施差异教学。但教师还需注意发现、捕捉学生的思维火花，及时肯定、鼓励，极大地调动学生学习积极性，形成平等和谐的学习氛围。

在追求完美的课堂教学中，有点小遗憾：担心时间不够，典例剖析环节删掉了有梯度的例题，没有实现分层训练的目标。

案例12　漫谈纽带
——分组分解法

【教　　　材】湘教版数学七年级下册

【教学目标】
　　(1)理解分组分解法的概念和特殊情况下分组的必要性.
　　(2)分组后熟练运用提公因式法和公式法将多项式分解彻底.
　　(3)提高学生分析问题、解决问题的能力.

【教学重点】辨别何种情况需要分组,如何分组.

【教学难点】熟练掌握分组的方法.

【教学过程】

教学环节	教学内容	设计意图
(一) 情景导入	**小明的烦恼** 题目:请把下列多项式因式分解: ①$2a^2b-4ab^2=2ab(a-2b)$　提公因式法 ②$a^2-9b^2=(a+3b)(a-3b)$　运用公式法 ③$a^2+3a-b^2-3b=?$ ④$a^2-c^2+2ab+b^2=?$ 小明轻松地完成了前面的两道小题,但在第③、④小题卡住了,聪明的你能解决小明的烦恼吗?	创设问题情景,解决在已有的经验下无法解决的问题③和问题④,引发学生思考,该如何分解,激发学生的创新思维,为掌握分组方法做好铺垫. 对四项及四项以上的多项式常用分组分解法.
(二) 自主学习	查阅资料,了解分组分解法的定义和常见题型.	培养学生主动探索的习惯,通过预习发现问题.在课堂上产生共鸣,会起到事半功倍的效果.

（续表）

教学环节	教学内容	设计意图
（三） 合作探究	1. 因式分解：a^2+3a-b^2-3b. **解**：原式 $=(a^2-b^2)+(3a-3b)$ $\quad=(a+b)(a-b)+3(a-b)$ $\quad=(a-b)(a+b+3)$. 2. 因式分解：$a^2-c^2+2ab+b^2$. **解**：原式 $=(a^2+2ab+b^2)-c^2$ $\quad=(a+b)^2-c^2$ $\quad=(a+b+c)(a+b-c)$. 3. 微课小结	合作探究上述两个问题，通过讨论、交流、总结，得出分组方法，强调分组依据. 公因式是肉眼可见的"有形纽带"，学生需要一定的观察能力，乘法公式是"无形纽带"，学生需要一定的综合应用能力，当没有公因式的情况出现时，我们要用"无形纽带"建立关系，合理分组便有了方向. 并用生动有趣的微课视频对课堂进行小结，加强理解.
（四） 典例剖析	**例1** 因式分解： (1) $2ax-10ay+bx-5by$； (2) $a^2-2a-4b+4ab+4b^2$. **解法1**： **解**：原式 $=(2ax-10ay)+(bx-5by)$ $\quad=2a(x-5y)+b(x-5y)$ $\quad=(x-5y)(2a+b)$. **解法2**： **解**：原式 $=(2ax+bx)-(10ay+5by)$ $\quad=x(2a+b)-5y(2a+b)$ $\quad=(x-5y)(2a+b)$. (2) **解**：原式 $=(a^2+4ab+4b^2)-(2a+4b)$ $\quad=(a+2b)^2-2(a+2b)$ $\quad=(a+2b)(a+2b-2)$. 介绍数学家波利亚的生平和解题思想. "对一个数学问题，改变它的形式，变换它的结构，直到发现有价值的东西，这是数学解题的一个重要原则."	通过例题强化学生对"纽带"的理解，"有形"的形可以多样. 因此，分组方法不唯一，渗透一题多解思想，拓展学生的思维."无形"要善于运用乘法公式，要具备敏锐的观察能力，从而得出结论，学会打破题目原有的形式，以"纽带"建立新的秩序，并在此处引入数学家波利亚的解题思想.

（续表）

教学环节	教学内容	设计意图
（五） 拓展提升	因式分解：$x(x-4)(x+1)+12$. **解**：原式 $=x^3-3x^2-4x+12$ $=x^2(x-3)-4(x-3)$ $=(x^2-4)(x-3)$ $=(x+2)(x-2)(x-3)$.	此处设计的练习为三次多项式，在形式上无法应用提公因式法和公式法，又无法通过直接分组解决问题，所以可先将式子展开，打破原有的形式，再合理分组，直到分解彻底.强化学生对波利亚解题思想的理解，先破后立，灵活处理.
（六） 感悟小结	这节课你收获了什么？并谈谈你对"纽带"的理解.	通过小结厘清课堂结构，掌握"纽带"含义，明晰分组方法，构建知识框架，知一解百，以简驭繁.
（七） 教师寄语	人心需要纽带凝聚，力量需要纽带汇集.	由解题中的"纽带"升华到人与人之间的纽带，"纽带"可以建立联系，凝聚人心，汇聚力量.

【教学反思】

　　分组分解法是因式分解法的综合应用，难度系数较高，本案例以生活中的"纽带"作为突破口，形象地指明了解题方向，将繁杂的多项式变得有章可循，解题视角既着眼于局部联系，又放眼于整体结构.整堂课的亮点在于"纽带"二字，学生因"纽带"解题思路清晰，课堂因"纽带"结构清晰明了，教师因"纽带"时刻和学生保持着融洽的关系；课堂始终给人一种清爽的感觉，例题设计精心具有代表性，板书详实精美，一题多解，先破后立的解题思想贯穿课堂；教师始终保持倾听、引导、解惑，学生始终坚持思考、创新，这正是人文课堂追求的目标.本堂课以发现问题作为导入，以解决问题作为目的，以总结问题突破难点，以升华主题启发学生，一气呵成，行云流水，是一堂真正出高效、有价值的数学人文课例.

案例13 动静结合两相宜

——时钟角问题

【教　　材】湘教版数学七年级上册

【教学目标】

（1）了解时钟中时针、分针、秒针的旋转速度，掌握求时钟角的方法；

（2）体会动静结合的转化思想，化动为静，善于建立几何模型；

（3）运用类比思想，把其抽象成追及问题，利用方程建模解决问题.

【教学重点】化动为静，熟练建立几何模型求时钟角.

【教学难点】利用方程建模，解决特殊的时钟角问题.

【教学过程】

教学环节	教学内容	设计意图
（一） 情景导入	咱们学校吴书记的萨克斯演奏得非常好，为了不影响大家的休息，他每天都是去狮子山公园进行练习. 今天早上6点多钟外出晨练，看到手表上的时针和分针的夹角是110°；7点前回家，看到钟表上的时针和分针夹角也是110°. 聪明的你能计算出吴书记今天晨练了多长时间吗？	通过情境创设，引发学生学习的兴趣，同时激发了学生的好奇心和求知欲，顺利引入新课.
（二） 自主学习	**1.** 钟面分12大格，每大格等于＿＿＿＿. **2.** 分针60分钟走一圈，每分钟走＿＿＿＿. **3.** 时针60分钟走一大格，每分钟走＿＿＿＿. **4.** 秒针1分钟走一圈，每分钟走＿＿＿＿. **5.** 分针每分钟比时针多走＿＿＿＿.	让学生先自己独立动手演算，再小组交流点评，为后面的合作探究做好铺垫.
（三） 合作探究	**1. 动中取静**（已知具体时刻，求时针与分针的夹角.） 　　**例1**　计算： ①5:00，时针和分针的夹角是多少度？ ②12:15，时针和分针的夹角是多少度？ ③10:26，时针与分针的夹角是多少度？	由特殊到一般，通过引导，与学生共同探讨解决问题的步骤和方法，发挥教师的主导作用，学生的主体作用，培养学生探究和计算能力.

（续表）

教学环节	教学内容	设计意图
（三） 合作探究	【方法总结】借助整点，将其转化成角度和差问题． **2. 化静为动**（已知时针与分针成特殊角，求具体时刻．） **例2** 现在是上午4:00，求： (1)什么时刻分针与时针第一次重合？ (2)什么时刻分针与时针第一次成一直线？ (3)什么时刻分针与时针所夹的角度成90°？ 【方法总结】借助方程，将其转化成行程追及问题．	把时钟角问题转化为行程问题，利用数形结合的思想和方程建模思想，顺利解决该类问题．
（四） 典例剖析	**动静结合两相宜** 　　咱们学校吴书记的萨克斯弹奏得非常好，为了不影响大家的休息，每天都是去狮子山公园进行练习．今天早上6点多钟外出晨练，看到手表上的时针和分针的夹角是110°，7点前回家，看到钟表上的时针和分针夹角也是110°，聪明的你能计算出吴书记今天晨练了多长时间吗？ 　　**解法1**：化静为动 　　设吴书记晨练时间为 x 分钟，依题意得： 　　$(6°-0.5°)x=110°+110°$． 　　解得：$x=40$． 　　答：吴书记晨练了40分钟． 　　**解法2**：动中取静 　　设吴书记晨练出门时间为6时 x 分，回家时间为6时 y 分，依题意得： 　　$(6°-0.5°)x=180°-110°$， 　　$(6°-0.5°)y=180°+110°$， 　　解得：$x=12\frac{8}{11}$，$y=52\frac{8}{11}$．故：$y-x=40$． 　　答：吴书记晨练了40分钟．	呼应情景导入，用两种不同的方法解答学生心中的疑惑，弥合学生心中的"缺口"，让他们体会到一题多解的妙处．

（续表）

教学环节	教学内容	设计意图
（五）拓展提升	12:00 时，时针、分针和秒针都重合，问经过多少分钟，秒针第一次将时针和分针的夹角平分？ **作业布置：** 1. 1 点 30 分时，时针与分针的夹角是 _____. 2. 从 5:00 起，经过 _____ 分钟，时针和分针第一次重合. 3. 7:00 到 8:00 之间，什么时刻时针与分针成一条直线？ 4. 侦探来到了一处案发现场，死者手里拿着一张纸，画着一个没有任何刻度的表盘，时针和分针的夹角大约是 90°，这应该是死者最后画出的案发时间，有人在 5 点半之前见过死者. 据现场观察，案发大约在 5 点与 6 点之间. 你能推算出案发时间吗？	让学生看到时钟角问题的本质所在，进一步体会数学的转化思想.
（六）感悟小结	引导学生从知识、方法、思想等方面谈谈本节课的收获与体会.	让学生充分发表自己的意见，敢于用数学的语言表达世界.
（七）教师寄语	《今日歌》 ［明］文嘉 今日复今日，今日何其少！ 今日又不为，此事何时了！ 人生百年几今日，今日不为真可惜！ 若言姑待明朝至，明朝又有明朝事. 为君聊赋今日诗，努力请从今日始.	由本节课的数学知识升华主题，达到课堂教育价值的最大化.

【教学反思】

时钟是我们日常生活中一个很常见的事物，其中蕴含着丰富的数学知识. 为了调动学生学习兴趣，本课例从情景生活导入，提出问题，调动学生的积极性. 这个案例设计了情景导入、自主探究、典例剖析、问题解决、感悟小结、拓展提升、作业布置七个基本环节，各环节紧凑有序，层层推进，让课堂充满逻辑美. 在选择例题时，我们主要从两个方面把握，一是求具体时刻时针和分针的夹角，二是利用时针和分针的特殊夹角求具体时刻. 通过合作探究，全面渗透化静为动、动中取静的转化思想，达到触类旁通的效果. 本堂课特别注重人文精神的熏陶，在学生谈感受和收获后，我们把《今日歌》分享给学生共勉，让课堂充满正能量，取得了很好的效果. 但在实际上课过程中，对于时间的把握还要加强.

中篇

大珠小珠落玉盘：八年级案例荟萃

吴正宪老师说："新在理念，巧在设计，赢在实践，成在后续．这是我对一节好的数学课的理解．"数学课首先要有数学味，我们不但要善于给学生创设情境，而且要认真思考和精心设计课堂的每一个环节，课堂起要美丽如凤头，课堂中要浩荡如烟海，课堂结要响亮如豹尾，做到环环相扣，行云流水，彰显出数学课堂独特的逻辑美．

八年级学生经过一年初中学习生活的洗礼，已经有了比较独立的思想、独立的人格、独立的审美意识和价值观．他们在快速地增长才智，享受生活的诗情画意．老师既要引领学生主动发现新知，还要带领学生感受生命和成长的美好．

下面展示的八年级数学人文课堂案例特别注重课堂的架构，有血有肉有灵魂，真正做到了"形散而神不散"，演奏出一曲曲"珠玑落玉盘"的美妙之音．

案例14　**低调奢华的别墅**
——二次根式的概念与性质

【教　　材】湘教版八年级数学上册
【教学目标】
　　(1)了解二次根式的概念和基本性质.
　　(2)通过对二次根式的概念和性质的探究,提高数学探究能力和归纳表达能力.
　　(3)让学生感受数学活动的乐趣和魅力,提高学习数学的兴趣.
【教学重点】二次根式的概念和基本性质.
【教学难点】二次根式的应用及其被开方数的取值范围.
【教学过程】

教学环节	教学内容	设计意图
(一) 情景导入	1. 如图1,海报为正方形,若面积为 $2\ \text{m}^2$,则边长为_____m;若面积为 $S\ \text{m}^2$,则边长为_____m. 2. 如图2,一个物体从高处自由落下,落到地面所用的时间 t(单位:s)与开始落下的高度 h(单位:m)满足关系 $h=4.9t^2$,如果用含有 h 的式子表示 t,那么 t 为_____. 3. 如图3,第一宇宙速度 v 与地球半径 R 之间存在如下关系: $v^2=gR$,若已知 g 和 R,则第一宇宙速度 v 是_____.  图1 　　　图2 　　　图3	从具体事例引入,学生感到亲切熟悉,调动学习的积极性和学习兴趣.既复习了平方根的概念,又顺其自然地引出新知识——二次根式的概念.这样,衔接自然,过渡合理.

（续表）

教学环节	教学内容	设计意图
（二） 自主学习	上面问题中，得到的结果分别是：$\sqrt{2}$，$\sqrt{S}$，$\sqrt{\dfrac{h}{4.9}}$，$\sqrt{gR}$. **问题**：这些式子有什么共同特征？ ①含有二次根号"$\sqrt{}$"； ②被开方数为非负数. **二次根式的定义：** 我们把形如$\sqrt{a}$（$a \geqslant 0$）的式子叫作二次根式，根号下的数叫作被开方数. **强化练习** **例1** 下列各式哪些是二次根式？ (1)$\sqrt{32}$；(2)6；(3)$\sqrt{-12}$；(4)$\sqrt{-m}$； (5)$\sqrt{xy}$（x，y同号）；(6)$\sqrt{a^2+1}$； (7)$\sqrt[3]{5}$. **例2** x是怎样的实数时，$\sqrt{x-2}$在实数范围内有意义？ **例3** 你能用魔法师变出的这些代数式作为被开方数构成二次根式吗？ 3，$\dfrac{1}{x-2}$，$1+a$，$-3x$，$(a-3)^2$. **提问**：你能添加适当的条件，让另外几个代数式也可以构成二次根式吗？	让学生自主观察，交流讨论，得出二次根式的特征. 充分发挥学生的自主能动性，准确理解二次根式的概念. 通过对例题的共同探讨，让学生体会二次根式概念的初步应用，加深对二次根式定义的理解，并注重新旧知识间的联系，用转化的思想解决问题，总结出解题规律：求未知数的取值范围即转化为：①二次根式：被开方数大于或等于0；②分式：分母不为0. 列不等式或不等式组解决问题. 通过一题多变，使学生能多角度、多层次、灵活地运用所学知识解决问题，培养学生思维的深刻性与灵活性. 变式训练使学生感受到数学的灵活多变，拓展学生的思维.

（续表）

教学环节	教学内容	设计意图
（三） 合作探究	探究:填一填: $(\sqrt{0})^2=$____;$(\sqrt{1})^2=$____;$(\sqrt{\frac{1}{4}})^2=$____. **性质1**:归纳$(\sqrt{a})^2=a(a\geqslant0)$ **算一算**: $\sqrt{0^2}=$____;$\sqrt{1^2}=$____;$\sqrt{(-1)^2}=$____; $\sqrt{(\frac{1}{4})^2}=$____;$\sqrt{(-4)^2}=$____. **想一想**:$\sqrt{a^2}$等于什么呢? 当$a\geqslant0$时,$\sqrt{a^2}=$____; 当$a<0$时,$\sqrt{a^2}=$____. **性质2**:$\sqrt{a^2}=$____. 议一议:如何区别$(\sqrt{a})^2$与$\sqrt{a^2}$呢?	学生通过观察、分析,从特殊到一般归纳出二次根式的性质,培养学生的合作交流的能力、归纳探究的能力、类比推理的能力. 学生自由发言,讨论交流.教师引导学生从不同的方面进行对比归纳,由具体到抽象,得出一般的结论,培养学生由特殊到一般的思维方式,提高归纳、总结的能力.
（四） 典例剖析	**例4** 计算: (1)$(\sqrt{1.5})^2$;　　　　(2)$(2\sqrt{5})^2$; (3)$\sqrt{(-2)^2}$;　　　　(4)$-\sqrt{(-3)^2}$.	进一步巩固对二次根式性质的理解和应用,把握本堂课的重点,提高学生综合运用知识的能力.
（五） 拓展提升	1.若$\|a-2\|+\sqrt{b-3}+(c-4)^2=0$,求$a-b+c$的值. 2.已知$y=\sqrt{x-3}+\sqrt{3-x}+8$,求$3x+2y$的算术平方根.	练习是学生心智技能和动作技能形成的基本途径,精心设计的练习将会使这一功能得到更充分的体现.以上这组练习题层层递进、由浅入深,有效地促进学生对本节课所学习的概念、性质的理解与掌握.

（续表）

教学环节	教学内容	设计意图
（六） 感悟小结	大家谈谈自己的收获与感悟．	倾听学生的呼声，真正走入学生的内心世界．
（七） 教师寄语	眼里有光芒，心中有激情，做精神别墅的主人！	教师寄语既是对二次根式"形"的描述，又是对二次根式"神"的诠释，有机渗透人文精神，对学生进行励志教育．

【教学反思】

本课例的教学都是引导学生边学边做，让学生经历观察、发现、分析、归纳、运用等整个学习过程，基本实现了预定的学习目标，有以下三个亮点：

1. 注重学生自主学习和归纳能力的培养．在学习过程中，注意引导学生自己得出结论，例如二次根式的两个性质，学生在做完思考题之后，自己就初步得出了结论，然后通过课堂讨论、其他学生的补充，完善结论．

2. 利用对比，强调知识的细节．让学生自己找出性质 1 和性质 2 的区别与联系，虽然不够系统和完整，但通过这样的训练，培养了学生类比思维和规律探究的能力．

3. 例题选取经典．从低、中、高三个层次精选例题，对知识进行全方位的巩固训练，取得了很好的教学效果．同时本堂课特别注重人文精神的熏陶，给学生一种余音绕梁的感觉．

在实际教学中，本堂课还存在着一些需要改进的问题．例如：对课堂节奏的把握不精准，出现了前松后紧的现象，以至于有深度的练习没时间完成，课堂结束比较仓促；在引导学生探索求知和互动学习方面还有欠缺．

案例15　**泾渭分明　汇流至简**
——二次根式的乘法

【教　　材】湘教版数学八年级上册

【教学目标】

(1)掌握二次根式的乘法法则,会用它进行二次根式的乘法运算.

(2)经历探究二次根式乘法法则的过程,理解积的算术平方根性质与二次根式乘法法则的互逆关系.

(3)通过合作探究,让学生体会到探索的乐趣和成功的喜悦;渗透人文教育,培养学生的良好品质.

【教学重点】逆向运用积的算术平方根的性质进行二次根式的乘法运算.

【教学难点】二次根式乘法运算结果的化简.

【教学过程】

教学环节	教学内容	设计意图
(一) 情景导入	我校第二届体育节田径运动会开幕,舞台背景墙为长方形,它的长为 $\frac{8}{3}\sqrt{3}$ 米,宽为 $2\sqrt{6}$ 米,请同学们帮忙计算该背景墙的面积. 板书: $\frac{8}{3}\sqrt{3} \times 2\sqrt{6} = ?$ 师:这是两个二次根式相乘,那怎么求它们的积呢? 这就是今天我们要学习的二次根式的乘法. 板书:泾渭分明汇流至简——二次根式的乘法运算 **知识回顾** 1. 积的算术平方根性质: $\sqrt{ab} = \sqrt{a} \cdot \sqrt{b}(a \geqslant 0, b \geqslant 0)$ 利用这个公式可以进行二次根式的化简. 2. 最简二次根式: ①被开方数不含分母; ②被开方数不含开得尽方的因数或因式. 师:请大家想一想,通过积的算术平方根性质,能否解决二次根式的乘法问题?	从学生熟悉的生活情境导入,吸引学生眼球,提高学生的学习积极性.在情境中巧妙地设计问题,引发学生认知冲突,平顺自然地导入新课. 回顾积的算术平方根性质,为推理二次根式的乘法法则做好铺垫.

（续表）

教学环节	教学内容	设计意图
（二） 自主学习	自学教材 P161～P162,目标如下: 1. 逆向运用积的算术平方根的性质,掌握二次根式的乘法运算法则. 2. 运用二次根式的乘法法则进行简单的运算.	学生自主预习,先"学"再"教",有助于学生整体把握新课内容,发挥学生主观能动性.
（三） 合作探究	$\sqrt{4\times9}=\sqrt{4}\times\sqrt{9}\Rightarrow\sqrt{4}\times\sqrt{9}=\sqrt{4\times9}$ $\sqrt{9\times16}=\sqrt{9}\times\sqrt{16}\Rightarrow\sqrt{9}\times\sqrt{16}=\sqrt{9\times16}$ $\sqrt{5\times7}=\sqrt{5}\times\sqrt{7}\Rightarrow\sqrt{5}\times\sqrt{7}=\sqrt{5\times7}$ 师:在屏幕上老师给出了三个等式,大家从左往右观察,它们运用了哪条性质? 老师把等式左右两边互换,等式还成立吗? 师:虽然改变左右两边的位置,但没有改变它们的大小,所以左右两边仍然相等. 师:我们再从左往右观察,这三个等式就成了二次根式的乘法运算. 师:我们从特殊到一般归纳,如何用符号语言来描述这种现象? $\sqrt{ab}=\sqrt{a}\cdot\sqrt{b}(a\geqslant0,b\geqslant0)\Rightarrow\sqrt{a}\cdot\sqrt{b}=\sqrt{a\cdot b}$ $(a\geqslant0,b\geqslant0)$ 师:逆向运用积的算术平方根性质,得到二次根式的乘法法则. **二次根式的乘法法则:** 两个二次根式相乘,等于把它们的被开方数相乘,根指数不变.	以积的算术平方根性质为逻辑起点,利用等式的左右互换,归纳出二次根式的乘法法则,培养了学生观察、猜想、证明与归纳的数学思维能力.
（四） 典例剖析	**例1** 计算: (1)$\sqrt{5}\times\sqrt{10}$; (2)$\sqrt{\dfrac{1}{3}}\times\sqrt{24}$. 师:这两题我们都是把被开方数相乘,根指数不变,并且所得结果化为最简二次根式,正所谓"汇流至简". **例2** 计算 (1)$4\sqrt{3}\times5\sqrt{15}$;	从法则的获得到运用,层层递进,加深对法则的理解.通过"泾渭分明,汇流至简"这八个字,高度地概括了二次根式的乘法运算法则,使枯燥的运算法则变得生动有趣,帮助学生轻松

教学环节	教学内容	设计意图
（四） 典例剖析	$(2)3\sqrt{3}\times\left(-\dfrac{\sqrt{27}}{4}\right)$. 师:因为系数与二次根式是乘积关系,我们综合运用乘法交换律和结合律,把系数相乘作为积的系数,被开方数与被开方数相乘,根号不变.正所谓"泾渭分明". **例 1**　由教师板书,强调格式,例 2 指定学生上讲台板书,然后教师点评. **问题回归:** 我校第二届体育节田径运动会开幕,舞台背景墙为长方形,它的长为 $\dfrac{8}{3}\sqrt{3}$ 米,宽为 $2\sqrt{6}$ 米,请同学们帮忙计算该背景墙的面积. 解:$\dfrac{8}{3}\sqrt{3}\times2\sqrt{6}$ $=\left(\dfrac{8}{3}\times2\right)\times\sqrt{3\times6}$ $=16\sqrt{2}$(平方米). 答:该背景墙的面积为 $16\sqrt{2}$ 平方米. 教师引导学生用所学知识解决情景导入中的疑问. **开心一刻:** **1.** 等式 $\sqrt{x+1}\cdot\sqrt{x-1}=\sqrt{x^2-1}$ 成立的条件是(　　). 　A. $x\geqslant1$　　　　B. $x\geqslant-1$ 　C. $-1\leqslant x\leqslant1$　　D. $x\geqslant1$ 或 $x\leqslant-1$ **2.** 计算:$4\sqrt{3}\times(-3\sqrt{15})$.	地突破难点,建构完善的知识体系. 回归问题解决,首尾呼应,实现了学生从惑者到知者的转变,感受解决问题的喜悦,体会到生活中处处有数学. 通过抢红包游戏,提高学生的积极性,在游戏中学习,把枯燥的数学变得生动有趣,激发了课堂的生命力.

（续表）

教学环节	教学内容	设计意图
（四） 典例剖析	3. 下列各数中,与$\sqrt{3}$的乘积为有理数的是（　　）. A.$\sqrt{2}$　　　　B.$\sqrt{5}$ C.$2\sqrt{3}$　　　　D.$2-\sqrt{3}$ 4. 计算: $\sqrt{1\frac{1}{4}}\times\sqrt{2\frac{2}{5}}\times\sqrt{3}$. 5. 已知三角形的一条边为$2\sqrt{2}$ cm,这条边上的高为$\sqrt{3}$ cm,求该三角形的面积. 学生参加抢红包游戏,教师适当点评.	
（五） 拓展提升	如图是我校牛奶自动售货机,我们可以把它近似地看成一个长方体,已知它的长为$2\sqrt{2a}$米,宽为$2\sqrt{3a}$米,高为$\sqrt{6a}$米,请同学们计算它的体积.($a>0$)  学生先独立思考,再上台分享展示.	从生活实例抽象出数学问题,由易到难,层层递进,符合学生的认知规律,培养学生的钻研精神,感受数学的魅力.
（六） 感悟小结	谈谈本节课你的收获与感悟. 师:哪位同学能解读本堂课的主标题? 作业布置:习题5.2第1、2题 教师引导,由学生畅所欲言,谈谈本节课的收获与感悟.	回顾课堂,构建知识体系,深化所学知识.揭示主标题的寓意,帮助学生化解难点.

（续表）

教学环节	教学内容	设计意图
（七） 教师寄语	能合作,分工才有价值;能优化,合作才有意义.	根据二次根式的乘法法则,系数与系数相乘,被开方数与被开方数相乘,所得结果化简.由该法则悟出教师寄语,教师寄语既是对二次根式乘法法则的生动描述,又是对学生进行人文教育,二者完美融合.

【教学反思】

　　本课例通过生活化的导入,激发学生的学习兴趣,自然地引入课题.合作探究中,运用类比思想,从特殊到一般,归纳推理出二次根式的乘法法则.接着通过典例剖析,进一步理解二次根式的乘法法则,提高学生解决问题的能力.用"泾渭分明,汇流至简"八个字作为主标题,准确地概括二次根式的乘法法则,帮助学生突破难点.教学中设计抢红包游戏,又一次提高学生的积极性,活跃课堂气氛,激发课堂的生命力.本课中的教师寄语更是别出心裁,由二次根式乘法法则衍生出人生哲理,品读之后回味无穷,凸显人文教育特色,提高了课堂的教育价值.但在实际教学中本堂课也有不足之处:教学语言不够精炼,表述不够生动;学生合作探究的时间稍少,未能充分发挥出学生的主观能动性;缺乏对潜能生的照顾,未能全面关注到学生的学习状态.

案例16 倾斜的天平
——不等式的概念

【教　　材】湘教版数学八年级上册

【教学目标】

(1)理解不等式的概念并掌握不等式的判断方法,能够根据具体情境列不等式.

(2)经历由具体实例建立不等式模型的过程,进一步发展学生的符号感与数学建模能力.

(3)通过合作交流和课堂的参与过程,让学生感受探索的乐趣和成功的体验.

【教学重点】不等式的概念及用不等式表示不等关系.

【教学难点】经历由具体实例建立不等式模型的过程,进一步发展学生的符号感与数学建模能力.

【教学过程】

教学环节	教学内容	设计意图
(一) 情景导入	下图是政府有关部门对网吧做出的规定,未成年人禁止进入网吧,请问未成年人是指哪个年龄阶段的人？你能用数学式子表示出来吗？ 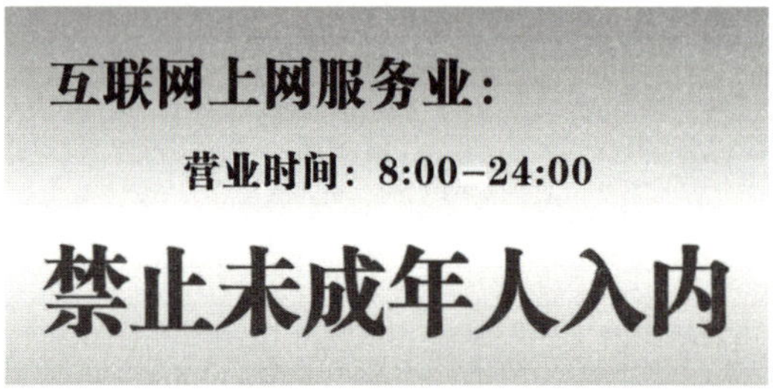 **互联网上网服务业：** **营业时间：8:00—24:00** **禁止未成年人入内** 教师鼓励学生大胆发言,说出自己的想法.	数学来源于生活,在生活中挖掘教学素材,容易激发学生好奇心,提高学习兴趣.在生活实际中,虽然学生以往也知晓这条法规,但从未思考过其中的数学问题,以此问题导入能启发学生用数学的眼光去观察世界.通过此问题的讨论,警醒学生遵守此法规.
(二) 自主学习	学生自主学习教材P130～P132,初步了解不等关系和不等式的定义.	学生自主学习,初步了解本节课的学习内容.培养学生的阅读能力和归纳能力.

（续表）

教学环节	教学内容	设计意图
（三）合作探究	**问题1**：我们该如何用式子表示它们的数量关系呢？  ①天平向左倾斜，说明左边的质量比右边的质量重，即左边的质量大于右边的质量，列式：$b+c>a$. ②天平向左倾斜，说明右边的质量比左边的质量轻，即右边的质量小于左边的质量，列式：$a<b+c$. **问题2**：班上小明的年龄为13岁，小聪的年龄为 a 岁，小聪的年龄和小明的年龄是不相等的，那么怎样表示 a 与13之间的关系？ $a\neq13$. **问题3**：一辆轿车在一条规定车速应不低于60 km/h，且不高于100 km/h的高速公路上行驶，如何用式子来表示轿车在该高速公路上行驶的路程 s（km）与行驶时间 x（h）之间的关系呢？ **思路导引**：不低于即"等于或是高于" 不高于即"等于或是低于" 根据路程与速度、时间之间的关系可得： $s\geq60x$ 且 $s\leq100x$. 学生依次举手回答这三个问题，教师适当引导得出正确答案。 **思考1**：观察由上述问题得到的式子，它们有什么共同的特点？ $b+c>a$；$a<b+c$；$a\neq13$； $s\geq60x$ 且 $s\leq100x$. 特点：都是由不等号连接而成的式子。 **概念归纳**： 用不等号（>，<，≥，≤，≠）连接而成的式子叫作不等式。	继续挖掘生活中的实例让学生感受不等关系，引导学生从实例中抽象出数学模型，培养学生用数学的语言去表达世界的能力。

（续表）

教学环节	教学内容	设计意图
（三） 合作探究	**思考 2**：不等式与等式有什么区别和联系？ **区别**： 等　式：用等号连接，表示相等的数量关系. 不等式：用不等号连接，表示不相等的数量关系. **联系**：都是用来描述现实生活中的数量关系. **思考 3**：常见的不等号有哪些？ 不等号　　　　读法 $>$　　　　　　大于 $<$　　　　　　小于 $\geqslant$　　　　　大于或等于（不小于） $\leqslant$　　　　　小于或等于（不大于） $\neq$　　　　　　不等于 教师鼓励学生独立思考，尝试归纳不等式的概念.引导学生对比等式的概念，师生共同辨析出相同点和不同点.教师展示数学中常见的不等号，引导学生理解记忆.	引导学生继续分析数学模型，通过观察、对比、归纳得出不等式的概念.类比等式和不等式的相同点和不同点，建立已知与未知的横向联系，强化对不等式概念的理解，渗透类比思想.归纳常见的不等号及读法，增强学生的符号意识，使学生进一步了解数量间存在的各种不等关系，为列不等式奠定基础.
（四） 典例剖析	**例 1**　下列式子是不等式的有_____. (1)$10>2$；　　　　(2)$a^2+1>0$； (3)$3x^2+2x$；　　　(4)$x<2x+1$； (5)$x=2x-5$；　　　(6)$a+b\neq c$. **例 2**　根据下列条件列不等式. (1)a 与 b 的和的一半小于 -1； (2)m 比 5 大； (3)长为 x cm，宽为 y cm 的长方形的面积不大于边长为 a cm 的正方形的面积. 教师请学生回答例 1、例 2，并总结列不等式的方法. **方法总结：** ①找准不等关系； ②选准不等号； ③列不等式.	通过典例剖析、辨析概念，强化对不等式概念的理解.学会将不等关系翻译为符号语言，提高学生抽象建模能力.教师引导学生归纳列不等式的基本步骤，化解难点，提高建模的能力.

(续表)

教学环节	教学内容	设计意图
（五） 拓展提升	**1.** 根据下列条件列不等式: （1）a 与 b 的和是非正数; （2）一个数 a 减去 3 的差是非负数; （3）x 与 2 的差至多是 -1. **2.** 已知一支圆珠笔 1.5 元,签字笔与圆珠笔相比每支贵 2 元,小华买了 x 支圆珠笔和 10 支签字笔,若付 50 元仍找回若干元,则如何用含 x 的不等式表示小华所需支付的金额与 50 元之间的关系? 学生独立完成两题,教师指定两位学生上讲台分别板书,师生共同指正. **问题回归** 中国法律规定,未成年人是指未满 18 周岁的公民. **互联网上网服务业:** 营业时间: 8:00—24:00 **禁止未成年人入内** 未成年人的年龄 x(岁):$0 \leqslant x < 18$ 师:同学们,不仅在课本中存在不等式,而且我们的人生中也有很多的不等式,有时我们付出却得不到期待的结果,有时我们没有付出却能收获意外的惊喜.我们的人生就像一个倾斜的天平,更多的时候是不平衡的,我们要坦然面对.(教师板书主标题:倾斜的天平)	有梯度地提升难度,在初步理解不等式概念的基础上,引导学生将常见的数学术语转化为不等式,感受文字语言和符号语言的紧密联系,体会转化的乐趣.通过解决实际问题,使学生感受到不等式在生活中的重要意义. 回归导入中的问题继续思考,首尾呼应,让问题贯穿整个课堂,使学生在整堂课中不仅学习了知识,同时也解决了问题.教师通过陈述将课本中的不等式升华到人生中的不等式,触动学生的情感,然后在学生情感的高潮点顺势板书主标题"倾斜的天平",将感性的人文教育自然地融入理性的数学课堂中,落实了立德树人的根本任务.
（六） 感悟小结	**1.** 用不等号连接而成的式子叫作不等式. **2.** 常见的不等号有五种: $>$、$<$、$\geqslant$、$\leqslant$、$\neq$ **3.** 列不等式的步骤: ①理解不等关系;②选准不等号;③列出不等式. **4.** 表示数量关系时,一定要注意"负数""非负数""正数""非正数""大于""小于""不小于""不超过""不低于"等关键性词语,只有真正理解其含义,才能正确列出不等式. **作业布置:** P132 第 1、2 题 教师引导学生回顾总结本节课知识.	把总结的时间点交给学生,让学生畅所欲言,谈谈本节课的收获与感受.引导学生梳理知识间的联系,整体把握本课内容,强化对知识的理解与记忆.

（续表）

教学环节	教学内容	设计意图
（七）教师寄语	学习＞游戏；美貌＜智慧；挫折≠失败. 师：同学们，学习不等式，老师也有很多的感悟. 老师认为不等式不仅能解决学习中的问题，老师更期待同学们用不等式去解决生活中的问题，能够判断生活中的是是非非. 最后，老师送给大家三个不等式（在学生的好奇中动画展示"学习＞游戏；美貌＜智慧；挫折≠失败"）	结合不等式的概念衍生出教师寄语，引导学生进一步广义地理解不等式，它不仅存在课本中，还在学习中有不等式、生活中有不等式、人生中也有不等式. 教育学生在学习、生活、人生中能够掂量轻重，分辨是非，于无形中启发学生树立正确的人生观、价值观.

【教学反思】

本课例通过巧妙设计将不等式的概念与德育紧紧融合在一起，让课堂的筋骨获得灵魂. 在课堂教学过程中，展现出如下三大亮点.

1. 通过生活实例的导入，调动了学生的积极性，激发了课堂的生命力. 教师鼓励学生发言，但对学生的答案不做评价，给学生留下悬念.

2. 数学中有不等关系，那么生活中也有不等关系，引导学生理性判断生活中的是非. 八年级学生恰处于叛逆期，看待问题容易出现偏差，若教师借助课堂给予适时点拨，则可以帮助学生形成正确的人生价值观.

3. 本课主标题"倾斜的天平"，形象地刻画了数量的不等关系. 进一步品味，天平有倾斜的时候，正如我们人生也有跌宕起伏，我们要用平常心看待这一切.

当然，课堂中也存在一些不足之处. 例如，对于"不低于，不高于"这样的不等关系，部分学生在具体情境中还不能熟练表达；对不等式概念的形成过程，没有充分发挥学生的自主性；等等.

案例17　**貌合位离　心心相印**
——全等三角形的概念与性质

【教　　　材】湘教版数学八年级上册

【教学目标】

(1)了解全等形和全等三角形的概念,掌握全等三角形的性质.

(2)能用符号正确表示两个三角形全等,能找出全等三角形的对应元素.

(3)在图形变换以及实际操作的过程中发展学生的空间观念,培养学生的几何直觉思维.

【教学重点】全等三角形的概念和性质.

【教学难点】找出全等三角形的对应边、对应角.

【教学过程】

教学环节	教学内容	设计意图
(一) 情景导入	1. 小明在拼七巧板时少了一块,请同学们帮助他将拼图拼完整.  　　展示将形状不同大小一致,大小不同形状一致的图形移至空白处,总结能够重合的特点.(形状相同,大小相等) 　　引导学生通过观察,总结形成全等概念. 　　2. 观察下列各组图形的形状与大小有什么特点,它们能完全重合吗?  　　定义:能够完全重合的两个图形叫作全等形. 能够完全重合的两个三角形叫作全等三角形.	通过问题导入,设置疑问,激发学生的好奇心,引出新课,让学生体会到几何在生活中处处存在.

（续表）

教学环节	教学内容	设计意图
（一） 情景导入	①全等三角形的表示. 记作：△ABC≌△DEF（读作：三角形 ABC 全等于三角形 DEF） 其中重合的顶点叫_____，其中重合的边叫_____. **注意**：书写两个三角形全等时，应把对应顶点的字母写在对应的位置上. ②符号历史. $\cong\begin{cases}S：shape，形状；\\ =：大小相同\end{cases}$ 戈特弗里德·威廉·莱布尼茨——哲学家、数学家，历史上少见的通才，被誉为 17 世纪的亚里士多德.	观察重合过程，总结特点，同时引入全等形、全等三角形的概念. 通过数学文化，开阔学生的视野，吸引学生的兴趣，并能牢记符号的意义和写法.
（二） 自主学习	阅读教材 P74～P75，归纳全等三角形的性质. 1. 全等三角形的对应边相等. 2. 全等三角形的对应角相等.	培养学生自主学习能力，提高数学阅读能力、总结能力.
（三） 合作探究	以下三组图，是由一个三角形分别经过平移、轴反射、旋转得到的，请同学们分小组合作探究，写出全等式，并分别指出对应边、对应角. △ABC ≌ △EDF，△ABC ≌ △ADE，△ABC≌△DBE. 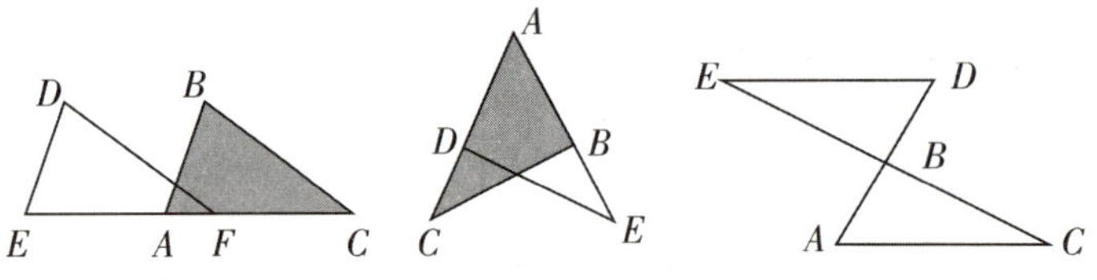 （1）　　　　（2）　　　　（3） （强调：对应顶点字母要写在对应的位置上）	通过三种变换，小组代表讲解，结合动手操作，增强学生的识图、空间想象能力，培养学生合作探究的能力.
（四） 典例剖析	**例1**　如图，已知点 A、D、C、F 在同一直线上，△ABC≌△FED，证：DE∥BC. 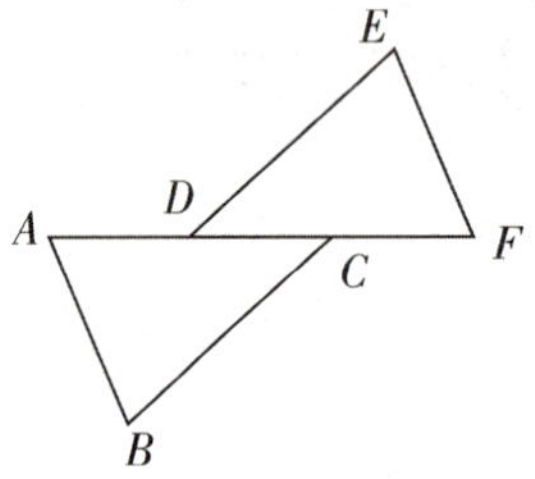 	

（续表）

教学环节	教学内容	设计意图
（四）典例剖析	例2　如图点 A、B、C 在同一直线上,△ABD≌△EBC,$AB=3$ cm,$BC=5$ cm,求 DE 的长. 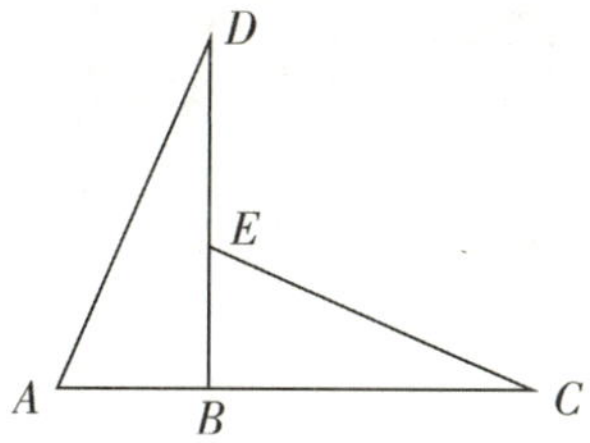 D E A　B　C	通过两道例题,由全等得到角与边的数量关系,强化全等三角形性质的理解与掌握,同时提高学生运用性质解决实际问题的能力.
（五）拓展提升	下图是一个等边三角形,你能分成两个全等三角形吗?你能分成3个或4个全等三角形吗? 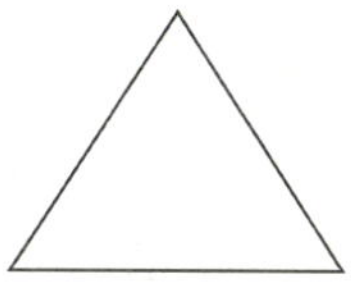 △	提升难度,激发学生兴趣,发散学生的思维,进一步强化知识的理解与记忆.
（六）感悟小结	1. 全等三角形的性质是什么? 2. 全等式书写需要注意什么?	课堂小结,学生通过谈收获,构建知识体系,巩固全等三角形的性质.
（七）教师寄语	岁月的流逝,也许会改变你的容颜、事业和地位,但愿不会改变你追求卓越的初心.	高度浓缩本堂课的内容,由三种几何变化联想到人生的变化和不变的追求.

【教学反思】

本课例课堂中有以下亮点:

1. 采用七巧板空缺的三角形作为情景引入,分别将形状不同大小一致、大小不同形状一致的图形移至空白处,直观感知全等的概念. 符合新课程标准的要求,引导学生经历从具体情境中抽象出数学知识的过程. 充分挖掘数学文化,介绍全等符号的产生以及含义,提高了学习兴趣,增加了课堂内涵.

2. 合作探究环节让学生分组合作,利用三角板展示全等变换,自己去发现问题,解决问题,加强对知识点的理解;典例剖析部分,学生上台讲解,成为学习的组织者、参与者、合作者和促进者.

3. 运用现代信息技术,直观展示全等变换,更加形象生动,为如何找对应边,对应角做铺垫.

4. "化离散为集中"的解题方法感悟,一题多解的方法训练,都全面拓展了学生的思维能力.

5. 由三角形的全等变换升华到对人生的追求,充分展示了数学课堂的人文美.

本堂课不足之处:在利用七巧板引入新课的过程中,除了展示不能重合的情况,还应该展示能重合的三角板;数学源于生活,在课堂上还应该多举生活中的全等实例;课堂上的合作探究还应该让更多的同学参与进来.

案例18 "SSA"的是是非非
——直角三角形全等的判定

【教　　材】湘教版数学八年级下册

【教学目标】

(1)理解直角三角形全等的判定定理,并能灵活地运用直角三角形全等的判定定理进行简单的推理.

(2)经历探索直角三角形全等判定的过程,掌握数学方法,提高合情推理的能力.

(3)培养几何推理意识,激发学生求知欲,感悟几何思维的内涵.

【教学重点】直角三角形全等的判定定理的理解和应用.

【教学难点】培养有条理思考问题的能力,正确使用"综合法"表达.

【教学过程】

教学环节	教学内容	设计意图
(一) 情景导入	小明同学在学习三角形全等时,发现教材中讲到"两边分别相等且其中一组等边的对角相等的两个三角形不一定全等".小明感到疑惑,其中哪些情况是全等的呢? 议一议: 根据下列条件,分别画出△ABC 和△A′B′C′. (1)$AB=A'B'=3$ cm,$AC=A'C'=2.5$ cm,$\angle B=\angle B'=45°$. (2)$\angle A=\angle A'=80°$,$\angle B=\angle B'=30°$,$\angle C=\angle C'=70°$. 分别满足上述条件画出的△ABC 和△A′B′C′一定全等吗? 由此你能得出什么结论? 满足条件(1)的两个三角形不一定全等,由此得出:两边分别相等且其中一组等边的对角相等的两个三角形不一定全等. 满足条件(2)的两个三角形不一定全等,由此得出:三角分别相等的两个三角形不一定全等.	通过巧妙设置疑问,激发学生求知欲,自然地导入新课.

（续表）

教学环节	教学内容	设计意图
（二） 自主学习	利用尺规作一个 Rt△ABC，∠C＝90°，斜边 AB＝5 cm，直角边 CB＝3 cm． 作法： （1）作∠MCN＝90°； （2）在射线 CM 上截取线段 CB＝3 cm； （3）以 B 为圆心，5 cm 为半径画弧，交射线 CN 于点 A； （4）连接 AB． 问题：剪下这个直角三角形，和其他同学所作的直角三角形进行比较，你有什么发现？	通过学生动手画一个直角三角形，发现剪下来的三角形相互间能够重合，引发学生思考．接着让学生充分讨论交流，得出猜想． 学生根据要求剪下一个三角形，老师引导学生观察对比，培养学生动手操作的能力和观察、思考的习惯．接着让学生充分讨论，增强合作交流的意识．
（三） 合作探究	如图，在△ABC 与△A′B′C′中，若 AB＝A′B′，AC＝A′C′，∠C＝∠C′＝90°，求证：Rt△ABC≌Rt△A′B′C′． 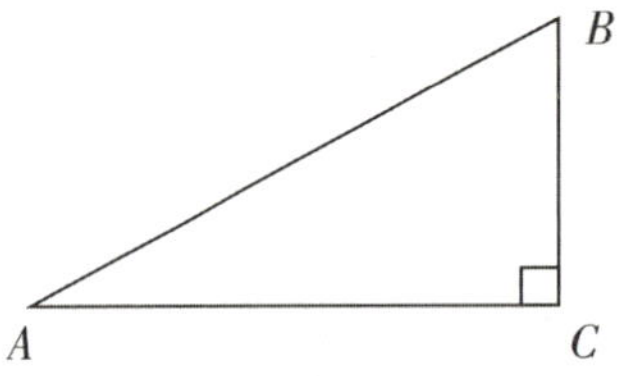 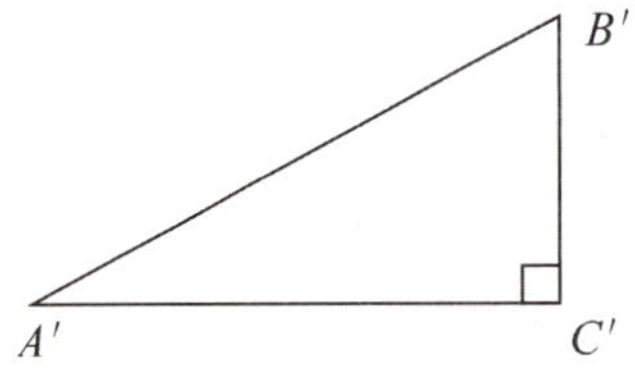 *（图：Rt△ABC，顶点 A、B、C，直角在 C）* *（图：Rt△A′B′C′，顶点 A′、B′、C′，直角在 C′）* **斜边、直角边定理**　斜边和一条直角边对应相等的两个直角三角形全等（简写成"斜边、直角边定理"或"HL"定理）． "HL"定理用符号语言可表示为： 在 Rt△ABC 和 Rt△A′B′C′中，∠C＝∠C′＝90° ∵ $\begin{cases} AB=A'B' \\ AC=A'C' \end{cases}$ ∴Rt△ABC≌Rt△A′B′C′（HL）	引导学生证明猜想，学生由演绎推理得到直角三角形全等的判定定理，培养学生逻辑思维能力． 符号语言的表述，增强学生的符号意识，规范学生的书写过程，让学生体会感悟图形语言、文字语言与符号语言的各自特点．

（续表）

教学环节	教学内容	设计意图
（四）典例剖析	例1　如图,BD,CE 分别是△ABC 的高,且 BE=CD. 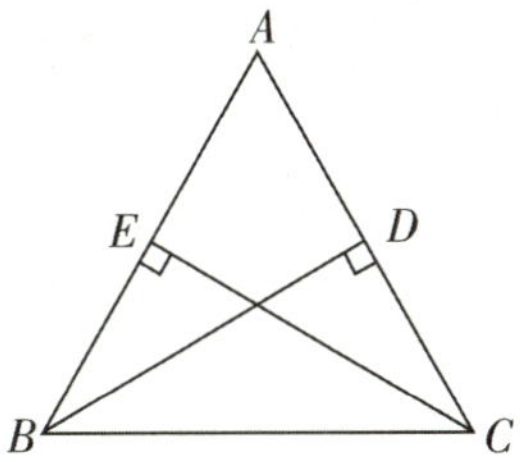 求证:Rt△BEC≌Rt△CDB. 证明:∵BD,CE 是△ABC 的高, ∴∠BEC=∠CDB=90°. 在 Rt△BEC 和 Rt△CDB 中, ∵BC=CB,BE=CD, ∴Rt△BEC≌Rt△CDB.（HL）	通过例题训练,强化知识的巩固消化.学生在实际问题中运用直角三角形的判定定理,提高学生的几何推理能力.
（五）拓展提升	已知△ABC 中,AC=BC,直线 MN 经过点C,且 AD⊥MN 于 D,BE⊥MN 于 E,请你添加一个条件使 DE=AD+BE 成立,并证明. 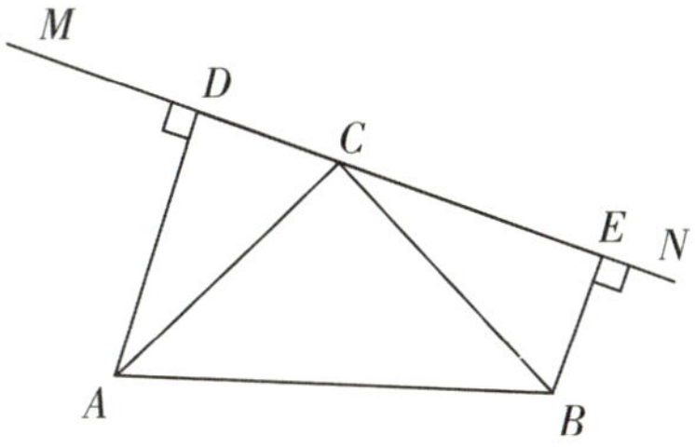 **问题回归** 　　小明同学在学习三角形全等时,发现教材中讲到"两边分别相等且其中一组等边的对角相等的两个三角形不一定全等".小明感到疑惑,哪些情况是全等的呢? 　　三问"SSA"的是是非非? 　　问1:有两边及一边的对角对应相等的两个直角三角形全等吗? 为什么? 　　问2:有两边及一边的对角对应相等的两个锐角三角形全等吗? 为什么? 　　问3:有两边及一边的对角对应相等的两个钝角三角形全等吗? 为什么?	适当提升难度,激发学生的挑战欲望.设计条件开放性题目,提高学习兴趣,让学生感受到数学的灵活性. 回归问题解决,整个课堂既是在学习新知,同时又是在解决一类问题,首尾呼应,形成一个整体,两条线索齐头并进.

（续表）

教学环节	教学内容	设计意图
（六）感悟小结	谈谈本节课的收获与感受.	让学生畅所欲言谈收获，既锻炼学生的归纳总结能力，又进一步巩固本堂课的所学知识.
（七）教师寄语	尺有所短，寸有所长；物有所不足，智有所不明. ——屈原	"SSA"在一般三角形中没有用武之地，但在直角三角形中却有独特意义. 教师寄语既是知识点的升华，对学生思想教育起到润物无声的效果.

【教学反思】

本课例在实施过程中真正做到了把课堂交给学生，让每个学生都参与进来，人人获得有价值的数学，不同的人在数学上有不同的发展. 本节课的重点是理解"SSA"的是是非非，引发学生对"SSA"能否证明两个三角形全等的深刻思考，强调了数学学习不是简单的机械记忆，而是一个经历探索过程的思维活动. 本堂课采用的是小组合作学习模式，充分发挥学生的积极主动性，课堂气氛相当活跃. 同时以探究任务引导学生养成自学自悟的学习方式，提供给学生自主合作探究的舞台，营造了思维驰骋的空间，培养了学生的数学核心素养. 在本堂课结束时，教师对学生寄语："尺有所短，寸有所长；物有所不足，智有所不明"，知识技能与人文精神交相辉映，演绎出了数学课堂的灵动.

本堂课也还存在一些不足之处：例如学生实践操作过程的规范性、课堂时间分配的科学性等，都还有待改进，以后还要更加注意教学细节的把握. 虽然没有完美的课堂，但我们一定要追求课堂的完美.

案例19　追问长方形的前世今生
——矩形的定义与性质

【教　　　材】湘教版数学八年级下册

【教学目标】

(1)理解矩形的定义,了解矩形与平行四边形的关系.

(2)经历探索矩形定义、性质的过程,发展学生的合情推理能力,培养学生乐于探究的习惯.

(3)学会应用矩形的性质解决有关问题,掌握矩形问题解决的基本思想是转化,感悟化归思想.

【教学重点】矩形性质的理解和掌握.

【教学难点】矩形特殊性质的应用及推论.

【教学过程】

教学环节	教学内容	设计意图
(一)情景导入	问题:一年有四季,沁园有四节.新化县思沁学校第五届体育节中有一投圈游戏,四个同学分别站在一个矩形场地的四个顶点处,目标物放在哪个位置,才能保证游戏的公平? 	通过游戏情境导入,设置悬念,提高学生的兴趣,激发学生的求知欲,引入新课.
(二)自主学习	自主学习教材 P58~P60,将重点内容标注.	通过自主学习,培养学生自学的习惯,有助于对整堂课的理解.

（续表）

教学环节	教学内容	设计意图
（三）合作探究	**1. 几何画板演示** 利用平行四边形的不稳定性引导学生观察平行四边形如何演变为矩形. 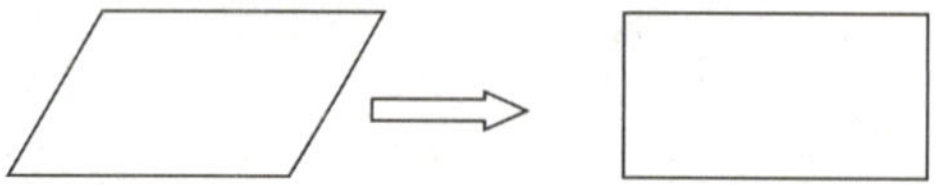 **定义**：有一个角是直角的平行四边形叫作矩形. （教师利用几何画板演示，引导学生归纳矩形的定义.） 符号语言： 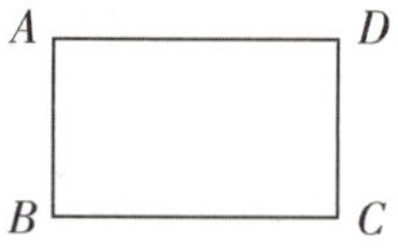 $\because$ 四边形 $ABCD$ 是平行四边形，$\angle B = 90°$， $\therefore$ 四边形 $ABCD$ 是矩形. （教师板书符号语言） **2. 矩形的性质** 矩形是特殊的平行四边形，矩形具有平行四边形的所有性质.  边：对边平行且相等 角：对角相等 对角线：对角线互相平分 对称性：中心对称图形 面积公式：底×高 **3. 学生活动** 全班分五个小组，每个小组探究一个维度的性质. 引导学生从边、角、对角线、对称性、面积五个维度去探究矩形的特殊性质. 得出结论：	通过几何画板演示平行四边形的变化过程，让学生理解矩形是特殊的平行四边形，引导学生掌握矩形具有平行四边形的一切性质.

（续表）

教学环节	教学内容	设计意图
（三） 合作探究	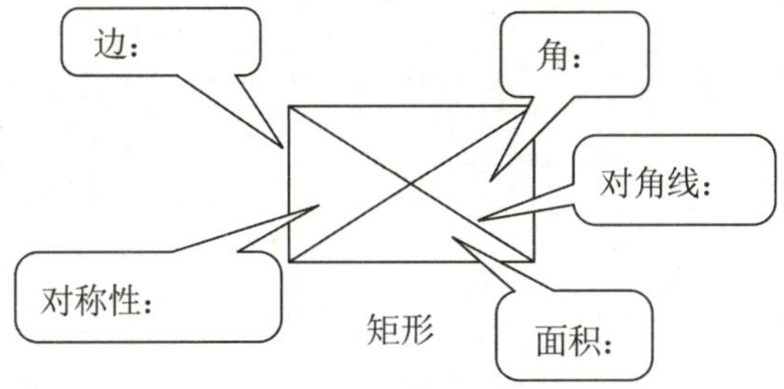 教师分配任务，每个小组探究一个维度，小组派代表汇报答案. **4. 教师引导：证明矩形的两条对角线相等** 已知：如图，AC 和 BD 是矩形 $ABCD$ 的对角线. **求证：**$AC=BD$. **证明：**∵四边形 $ABCD$ 是矩形 ∴$AB=CD$ $\angle ABC=\angle BCD=90°$ 又∵$BC=CB$ ∴$\triangle ABC\cong\triangle DCB$ ∴$AC=BD$ 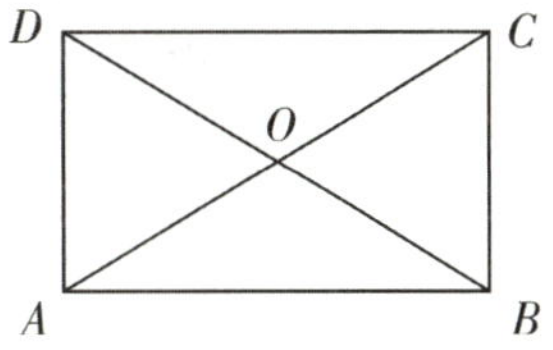 问：还有其他方法证明矩形的对角线相等吗？ （教师板书证明过程） 结论：矩形的对角线相等. 符号语言： ∵四边形 $ABCD$ 是矩形 ∴$AC=BD$ 回归问题： 学校体育节中有一投圈游戏，四个同学分别站在一个矩形场地的四个顶点处，目标物放在哪个位置，才能保证游戏的公平？ **解：**目标物放在矩形对角线 AD、BC 的交点 O 处，才能保证游戏的公平. 解开导入中的疑问，感悟体会数学知识在生活中的应用.	分组探究矩形的特殊性质，培养学生合作交流、归纳概括及类比推理的能力，充分体现学生的主体地位. 教师板书，培养学生正确书写推理过程的习惯，提升学生演绎推理的能力. 注重一题多解，开拓学生的思维，体验数学的乐趣. 回归问题解决，整个课堂不仅是在学习知识，其实也是在解决一个又一个问题，在学生获得解决问题的喜悦时，体验到数学与生活息息相关.

（续表）

教学环节	教学内容	设计意图
（四）典例剖析	**例 1** 如图，矩形 $ABCD$ 的两条对角线 AC、BD 相交于点 O，$AC=4$ cm，$\angle AOB=60°$，求 BC 的长. 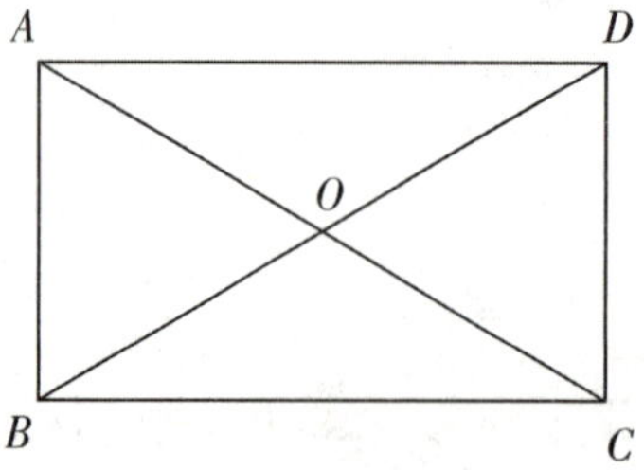 变式：如上图，矩形 $ABCD$ 的两条对角线相交于点 O，且 $AC=2AB$. 求证：$\triangle AOB$ 是等边三角形. 学生上台板演，教师适当点评.	典例剖析，学生学以致用，巩固对矩形性质的理解. 变式训练以让学生感受到数学的灵活多变，能拓展学生的思维；将矩形问题转化为三角形问题，本质是将未知问题转化为已知问题，渗透数学转化思想.
（五）拓展提升	如图，在矩形 $ABCD$ 中，对角线 AC、BD 相交于点 O，E 为矩形 $ABCD$ 外一点，且 $AE\perp CE$，求证：$BE\perp DE$. 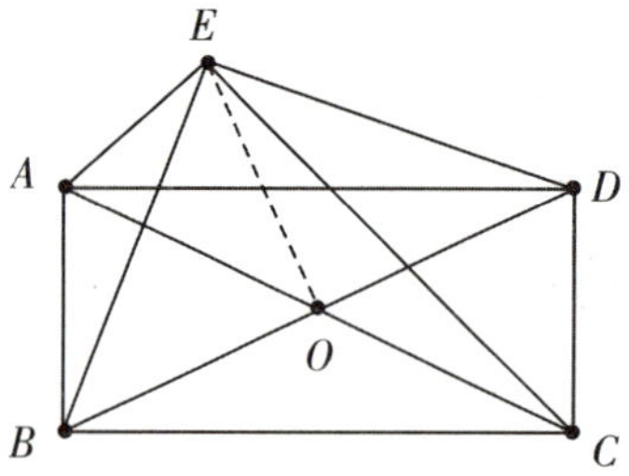 **证明：** 连接 EO， $\because$ 四边形 $ABCD$ 是矩形， $\therefore AC=BD$，且点 O 是 AC、BD 的中点. $\because AE\perp CE$， $\therefore \angle AEC=90°$. $\therefore OE=\dfrac{1}{2}AC$. 即 $OE=\dfrac{1}{2}BD$. 又 $\because$ 点 O 是 BD 的中点， （在三角形中，如果一条边上的中线等于这条边的一半，那么这个三角形是直角三角形。） $\therefore \angle BED=90°$. $\therefore BE\perp DE$. 学生先独立思考，教师再适当提示.	梯度设计，拔高难度，激发学生的挑战欲，增强学生对矩形性质的运用能力.

(续表)

教学环节	教学内容	设计意图
（六） 感悟小结	1. 类比平行四边形的性质,从以下几个方面归纳矩形的性质: | 边	
角	
对角线	
对称性	
面积	| 2. 矩形的对角线把矩形分成了四个全等的直角三角形和四个等腰三角形. 因此,矩形中的有关问题往往可以转化为直角三角形和等腰三角形问题来解决. 作业布置:P60 练习第 1、2 题 教师引导,学生谈谈本堂课的收获与感悟.	回顾课堂,建立知识体系,归纳知识要点,进一步加深矩形性质的理解.
（七） 教师寄语	全面发展＋个性突出＝创新人才	平行四边形有角的特殊性才演变成矩形,由此提炼出教师寄语.既描述矩形定义的特征,又表达对学生未来成长的殷切期盼.

【教学反思】

　　本课例从游戏问题导入,埋下伏笔,引出新课. 类比平行四边形的性质,鼓励学生归纳矩形的性质,培养学生合作探究的能力. 主标题与教师寄语的设计,让课堂熠熠生辉,在教学中有以下亮点.

　　1. 本课类比平行四边形的性质,引导学生从边、角、对角线、对称性与面积公式等五个方面归纳矩形的性质,渗透数学类比思想.

　　2. 主标题"追问长方形的前世今生"颇具浪漫感,学生在小学学过长方形,而现在长方形又叫作矩形,于是我们把长方形与矩形的关系生动地描述成前世今生的关系,充分调动了学习的兴趣.

　　3. 矩形是特殊的平行四边形,具有平行四边形的一切性质,又有自己特殊的性质. 教师寄语是对矩形特征的形象描述,教育学生全面发展的同时,还要有自己的特长.

　　当然,教学中也存在一些不足之处,例如,小组合作探究时有个别学生没有参与进来,矩形的对称性在教学中讲解不够细致.

案例20 不偏不倚 不卑不亢
——角平分线的性质

【教　　材】湘教版数学八年级下册
【教学目标】
(1)理解角平分线的性质定理并能初步运用.
(2)让学生体验探究的过程,强化全等三角形判定定理的运用,培养学生逻辑推理的能力.
(3)设置悬念,培养学生探究问题的兴趣,获得解决问题的成功经验.

【教学重点】理解角的平分线的性质及初步运用.
【教学难点】角平分线性质的探究.
【教学过程】

教学环节	教学内容	设计意图
(一) 情景导入	为大力开展扫黑除恶行动,某区派出所将在三条笔直的街道中心地带(如图红色区域)新建一个警务点,为方便出警,要求警务点到三条街道的距离相等.请问:警务点应该设置在哪里? 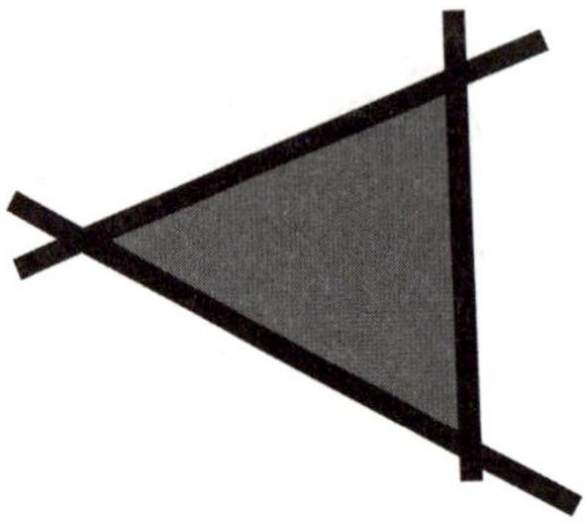 学生思考后畅所欲言,教师留下悬念.	扫黑除恶是当下一个热点话题,通过警务点的选址点燃学生的求知欲,巧妙地导入新课.
(二) 自主学习	学生自主学习 P22～P25,了解角平分线的性质定理.	学生自主学习,培养学生的阅读能力.通过自主学习,有助于学生整体把握课本内容.

教学环节	教学内容	设计意图
（三）合作探究	**1.** 实验:在薄纸上画∠AOB,将∠AOB 对折然后展开,观察折叠后折痕上的点到角两边的距离有何数量关系. 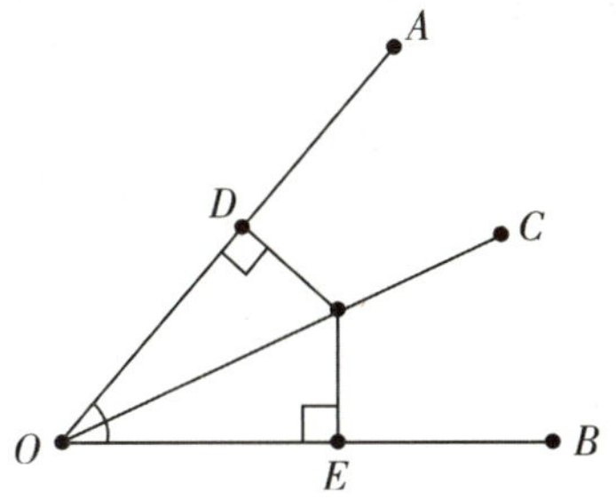 **2.** 猜想:角平分线上的点到角两边的距离相等. **3.** 验证猜想:角平分线上的点到角两边的距离相等. 　　已知:如图,OC 平分∠AOB,点 P 在 OC 上,PD⊥OA 于点 D,PE⊥OB 于点 E. 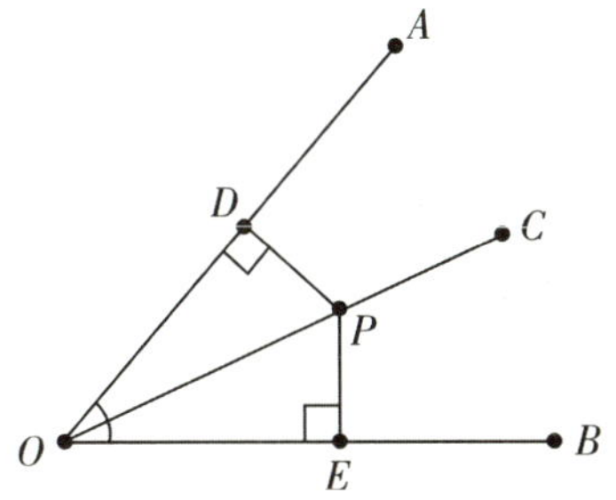 求证:$PD=PE$. **4.** 归纳角平分线的性质定理 文字语言:角的平分线上的点到角的两边距离相等. 几何语言: ∵OC 是∠AOB 的平分线, 且 $PD⊥OA,PE⊥OB$, ∴$PD=PE$. 学生通过画角折纸观察猜想角平分线的性质,教师引导学生通过证明验证猜想,然后板书文字语言与符号语言.	让学生经历动手操作、合理猜想、演绎推理、归纳总结等科学探究过程,培养学生既动手又动脑的习惯,提升学生合情推理和演绎推理的能力.

（续表）

教学环节	教学内容	设计意图
（四） 典例剖析	**例1** 如图,点 E 是 $\angle AOB$ 的平分线上一点,$EC \perp OA$ 于点 C,$ED \perp OB$ 于点 D. 求证：$\angle OCD = \angle ODC$. 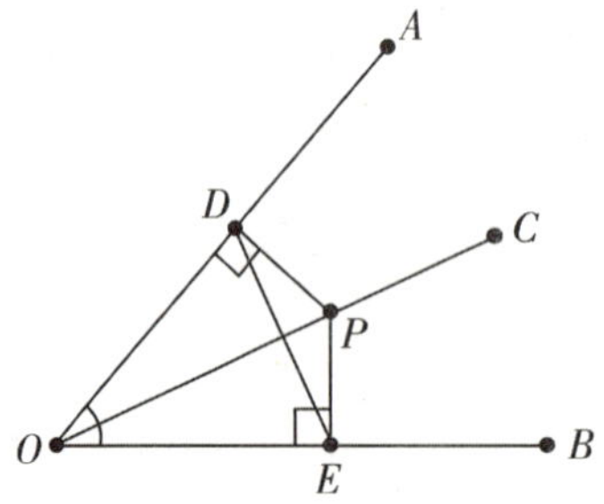 学生独立思考,然后举手回答,教师板书证明过程,强调书写规范.	通过典例的练习加强学生对定理的巩固;教师强调板书的规范性,培养学生严谨的学习态度.
（五） 拓展提升	**例2** 如图,$\triangle ABC$ 的角平分线 BM、CN 相交于点 P.求证：点 P 到三角形三边的距离都相等. 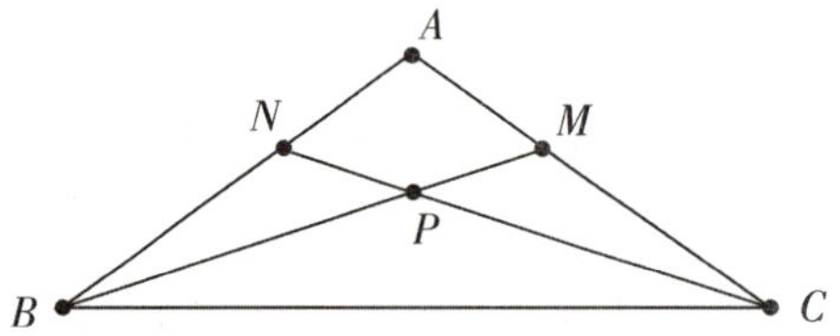 回归情境问题解决：任意两条内角平分线的交点. **变式**:若新建的警务点只要求到三条街道的距离相等.请问:有多少种选址方案? 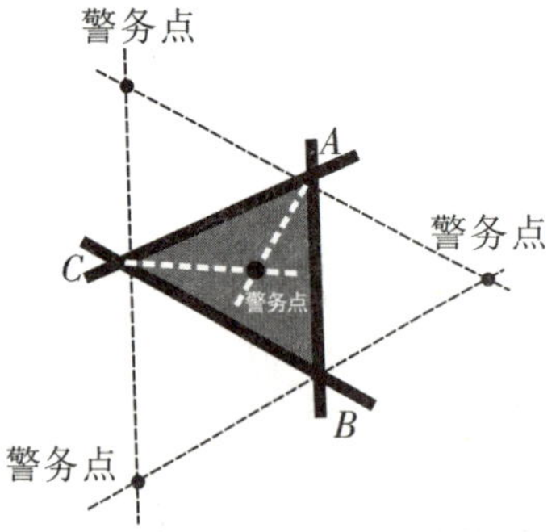 学生独立思考,教师适当提示.	设计有梯度的习题,进一步强化学生对定理的巩固与运用,让学生在挑战中感受成功的喜悦. 解决情境中的问题并将问题深化,培养学生的探究问题和解决问题的能力,发散学生的思维.

（续表）

教学环节	教学内容	设计意图
（六） 感悟小结	谈谈本节课你有什么收获. 1. 角平分线的性质； 2. 角平分线的性质是证明线段相等的又一种新方法. 作业布置：P24 练习第 1、2 题 教师引导学生总结本节课的收获与感悟，学生畅所欲言交流.	让学生畅谈学习的收获和感受，体会学习带来的成就感. 课堂既总结知识的收获，又让学生表达学习课本知识以外的收获，渗透人文精神，加强人文教育，提高学生的归纳总结能力.
（七） 教师寄语	上交不谄，下交不渎 　　　　　　——《周易·系辞下》	在课堂结束时，用一句富有哲理的话与学生共勉，既是对本节课的归纳，又是一种思想教育，让理性的课堂洋溢着人文关怀.

【教学反思】

本课例由热点问题导入，激发学生思考，自然地引出课题. 通过学生动手操作、合情推理，再由教师引导演绎推理，得出角平分线的性质定理. 例题分析帮助学生巩固知识，拓展提升进一步拔高了难度，使课堂结构逻辑性更强. 在教学中有以下亮点：

1. 课堂情境导入新颖有吸引力，让学生跃跃欲试，激发了课堂活力. 导入的问题与拓展题紧密相连，又有梯度变化，符合学生的思维发展规律.

2. 合作探究由合情推理再到演绎推理，培养学生观察、分析和解决问题的能力. 教师注重推理的逻辑性，培养学生严谨的学习态度.

3. 教师寄语浓缩了本堂课的精华，看似与课堂知识没有联系，但细细品味，寄语就是角平分线性质定理的化身，教育学生为人处世应如角平分线一样保持相等的距离，做到不卑不亢，平等待人.

课堂中也存在许多不足之处，例如：课堂中几何画板的演示较为简单，没有达到预设的效果；课堂练习训练量较少，知识没有得到充分的消化.

案例21 数形结合百般好
——平面直角坐标系

【教　　材】湘教版数学八年级下册

【教学目标】

（1）理解平面直角坐标系的有关概念,掌握点的位置与坐标的关系.

（2）通过画平面直角坐标系,经历由点写出坐标和由坐标描点的过程,进一步渗透数形结合的数学思想.

（3）鼓励学生去发现,去思考,让学生感受到数学的应用价值.

【教学重点】平面直角坐标系以及点与坐标的关系.

【教学难点】平面内点与有序实数对的关系,体会数形结合思想.

【教学过程】

教学环节	教学内容	设计意图
（一） 情景导入	今天,老师有两个精美的礼物送给两位幸运同学,请根据老师的提示,幸运的"你"上来领取吧! 1. 请三组第二号同学领取礼物. 第三组用3来表示,第二号用2来表示,刚刚这位同学可用(3,2)表示. 2. 请(2,3)表示的同学上来领取礼物. 设疑:(3,2)与(2,3)还能表示其他同学的位置吗? 学生根据教师要求上讲台领礼物,教师引导学生观察并引出有序实数对的概念.	通过定位送学生礼物调动学生的学习兴趣和积极性,同时巧妙地导入本节课的主题——平面直角坐标系.
（二） 自主学习	自学教材P83～P85,了解平面直角坐标系的相关概念,并能熟练画出平面直角坐标系. 学生根据要求自主学习,在草稿本上尝试建立一个平面直角坐标系,在教材上找到相关概念.	通过让学生自主学习,了解平面直角坐标系的相关概念,并能熟练画出平面直角坐标系,提高学生对新知的渴望.

（续表）

教学环节	教学内容	设计意图
（三） 合作探究	说一说：大家说一说怎样表示点 A、B、C 的坐标. 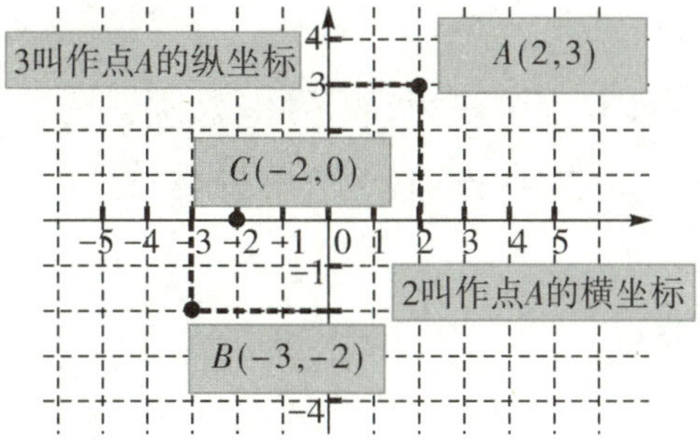 1. 根据点的位置确定点的坐标方法小结： （1）过已知点作 x 轴的垂线，垂足表示的数为点的横坐标； （2）过已知点作 y 轴的垂线，垂足表示的数为点的纵坐标； （3）依次将点的横坐标、纵坐标写入括号内并用逗号隔开. 　　找一找：已知点 D、E、F 的坐标分别为 $(-4,4)$、$(4,-4)$、$(0,2)$，请在自己所画的平面直角坐标系中描出点 D、E、F. 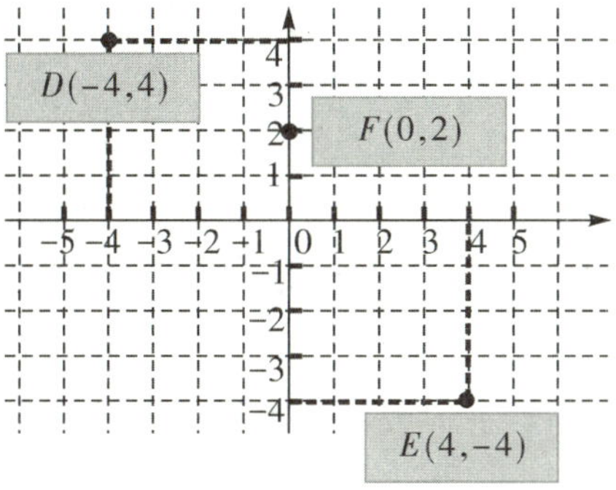 2. 根据点的坐标确定点的位置方法小结： （1）先在 x 轴上找表示横坐标的点； （2）再在 y 轴上找表示纵坐标的点； （3）过两点分别作 x 轴、y 轴的垂线，交点即为所求. 　　教师引导学生学会根据点确定坐标及根据坐标描点.	通过学生展示、教师示范，使学生进一步了解平面直角坐标系的相关概念，并能根据点的位置确定点的坐标及根据点的坐标确定点的位置，强化学生的归纳总结能力.

（续表）

教学环节	教学内容	设计意图
（四）典例剖析	象棋规则：马走日，象走田，车走直路炮翻山，士走斜线护将边，小卒一去不回返. 　　游戏设置：在象棋棋面上建立平面直角坐标系，请同学们说一说每颗棋子"走"动后的位置（用坐标表示）. 　　**思考**：红方想走马，请说一说"马"的下一个可能的位置. 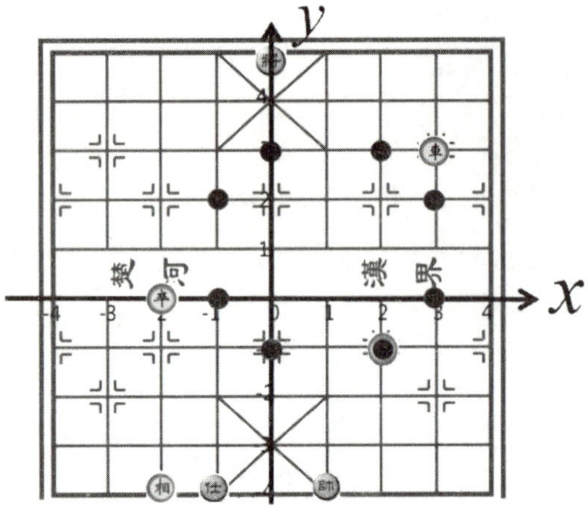 教师营造娱乐氛围，激励学生积极思考.	通过游戏寓教于乐，将数学知识生活化，提高学生学习兴趣，感受生活中处处存在数学.
（五）拓展提升	想一想： 1. 解决导入中的问题：(3,2)与(2,3)还能表示其他同学的位置吗？ 　　解答：不能，坐标平面内的点与有序实数对一一对应. 2. 如果某位家长和学校保安叔叔说："麻烦你帮我把包裹交给第三组第二号同学."大家想一想，保安叔叔能准确找到这位同学吗？ 　　学生继续思考导入中的问题，用本节课的知识尝试解决，教师引出平面内的点与有序实数对一一对应.	解决课堂抛出的问题，让课堂具有完整性和逻辑性，同时提升学生发现问题、思考问题、解决问题的能力. 第二个问题提升的层次进一步勾起学生的求知欲，也体现出知识的连续性.

（续表）

教学环节	教学内容	设计意图
（六） 感悟小结	谈谈本节课你有什么收获. 作业布置:教材P86练习第1题 教师鼓励学生大胆表达,谈谈本节课的收获与感悟.	把时间交给学生,让学生畅所欲言,谈谈本节课的收获与感受.引导学生梳理知识间的联系,整体把握本课内容,强化对知识的理解与掌握.
（七） 教师寄语	人生就像一个平面直角坐标系,时间是横轴,人生价值是纵轴.让我们用自己的勤奋和智慧在这个坐标系中画出一个个光彩夺目的点,勾画出辉煌的人生!	在课堂结束时,教师用饱含哲理的语言激励学生,既是对学生的一种鞭策,也是对本课知识的高度升华,起到了画龙点睛的作用.

【教学反思】

　　本课例结构严谨,设计巧妙,将枯燥的知识转化为生动有趣的问题探究,让课堂变得丰富多彩.学生在课堂中不仅学到知识,而且感受到数学的有趣,激发了他们学习数学的动力.本课例在教学实施过程中有以下亮点:

　　1. 课堂结构严谨,层层递进,符合学生认知规律.从了解平面直角坐标系,到掌握点与有序实数对的对应关系,再到知识点的巩固练习,都是环环相扣,有序推进.

　　2. 本课例的重点内容是数形结合,学生在由点定数及由数找点的过程中感受到数形之间的紧密联系.课例设计主标题"数形结合百般好",也是对数形结合思想的直观阐述.

　　3. 教师寄语将平面直角坐标系升华为人生价值和时间构成的人生坐标系,鼓励同学们珍惜时间,努力上进,迈向成功.

　　当然,在课堂中也存在一些不足之处,例如部分学生不能规范地画出平面直角坐标系;课堂知识容量偏少,没有涉及象限内的点、坐标轴上的点等知识点的学习.

案例22 **从五角星的那些事儿谈起**

——三角形的外角

【教　　　材】湘教版数学八年级上册

【教学目标】

(1)理解三角形外角的定义；

(2)掌握三角形外角的性质；

(3)能利用三角形的外角性质解决具体问题.

【教学重点】三角形外角的性质及应用.

【教学难点】利用三角形的外角性质解决具体问题.

【教学过程】

教学环节	教学内容	设计意图
(一) 情景导入	2021年正好是建党100周年,五角星是我们红色革命的象征,怎样求五角星的五个角的度数和呢?  ★	从身边最熟悉的五角星设置疑问,激发学生求知欲,巧妙地导入新课.
(二) 自主学习	知识准备: 1.三角形的内角和等于＿＿＿＿. 2.图中∠1 = ＿＿＿＿, ∠2 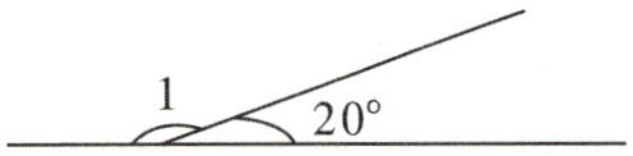 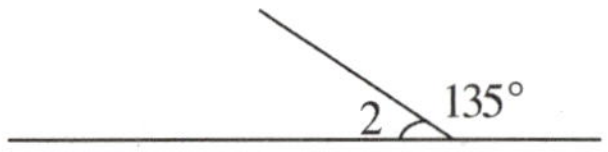 = ＿＿＿＿ 1 20°　　　　2 135°	复习三角形内角和定理、补角概念,以此作为学习三角形外角定理的垫脚石,构造已知与未知之间的桥梁.
(三) 合作探究	探究1:三角形外角的定义 1.看一看: 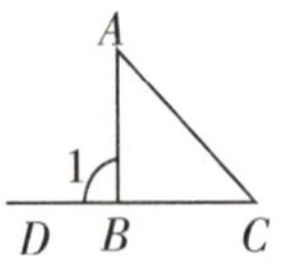 图1 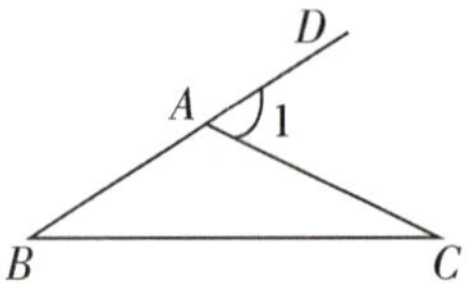　　　图2 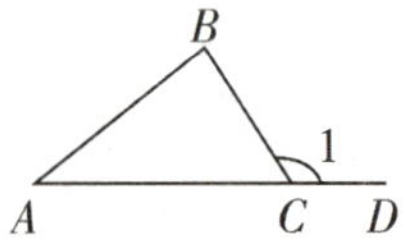　　　图3	

教学环节	教学内容	设计意图
（三） 合作探究	三角形外角的定义：＿＿＿＿＿＿＿，叫作三角形的外角. 2. 画一画：任意画一个三角形，并画出它的所有外角. 3. 说一说： ①每一个三角形都有＿＿＿＿＿＿个外角. ②每一个顶点处有＿＿＿＿＿＿个外角，且它们是＿＿＿＿＿＿角. ③每一个外角都对应一个相邻的内角，且它们是＿＿＿＿＿＿角. **探究 2：三角形的外角的性质** 1. 算一算： 如图 1，若 $\angle A = 40°$，$\angle C = 50°$，则 $\angle 1 =$ ＿＿＿＿＿＿. 如图 2，若 $\angle B = 20°$，$\angle C = 15°$，则 $\angle 1 =$ ＿＿＿＿＿＿. 如图 3，若 $\angle A = 30°$，$\angle B = 85°$，则 $\angle 1 =$ 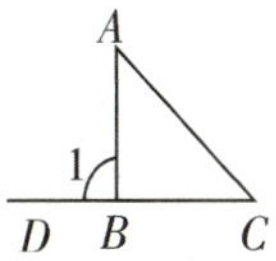 ＿＿＿＿＿＿. 图1 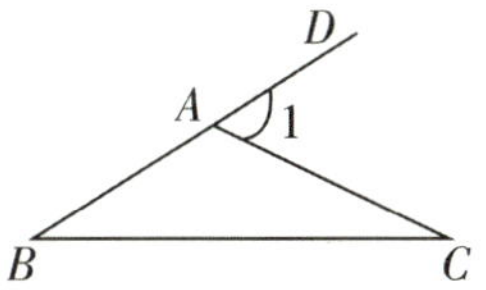　　　　图2 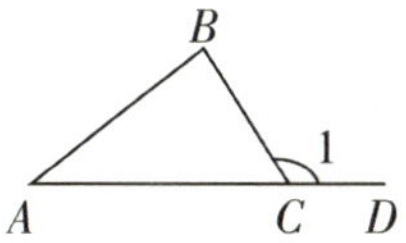　　　　图3 2. 猜一猜： 三角形的一个外角等于＿＿＿＿＿＿. 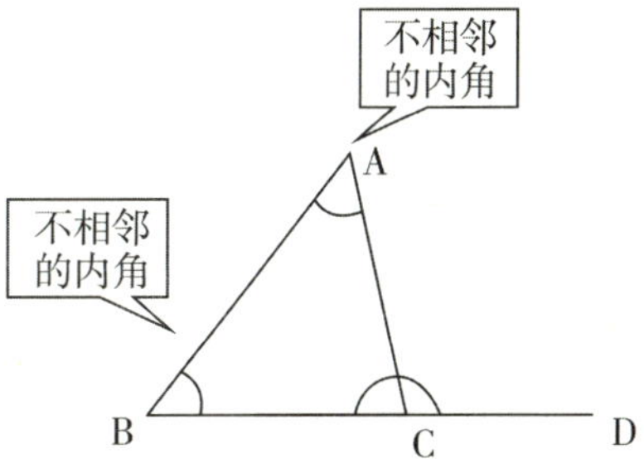 3. 证一证： 已知：$\angle ACD$ 是 $\triangle ABC$ 的一个外角. 求证：$\angle ACD = \angle B + \angle A$. 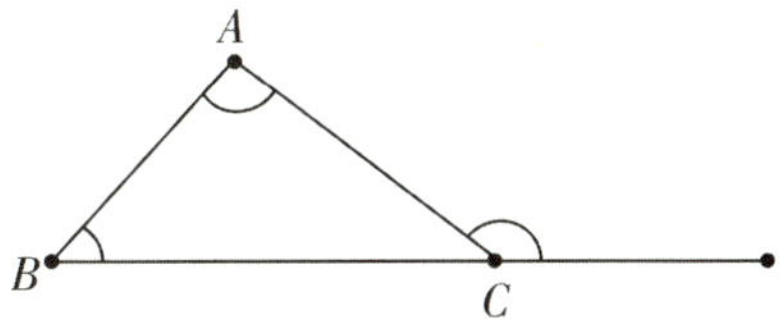 	通过观察图形，引导学生归纳外角的定义和特征，提高学生的识图能力和归纳能力，增强对外角定义的理解. 由合情推理到演绎推理，多种方法证明，化离散为集中，让学生感受知识的发生、发展、形成的过程，增强对性质的理解，体会数学的严谨. 图形语言、文字语言、几何语言的分别表述，让学生感受三种数学语言的特点，感悟到数学语言的简洁美.

（续表）

教学环节	教学内容	设计意图
（四）典例剖析	**例1** 如图，点 D 在△ABC 的边 BC 上，延长 BA、BC 于 M、N，完成以下填空： 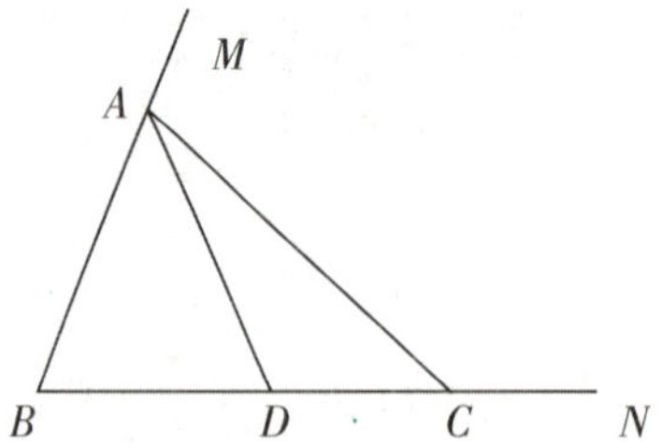 （1）∠ADB 既是_____的内角，也是_____的外角. （2）∵∠MAD 是_____的外角，∴∠$MAD=$∠_____+∠_____. ∵∠MAC 是_____的外角，∴∠$MAC=$∠_____+∠_____. （3）∠ACN 既是_____的外角，又是_____的外角. **例2** 如图所示：在凹四边形 $ABCD$ 中，求证：∠$BCD=$∠$A+$∠$B+$∠D. 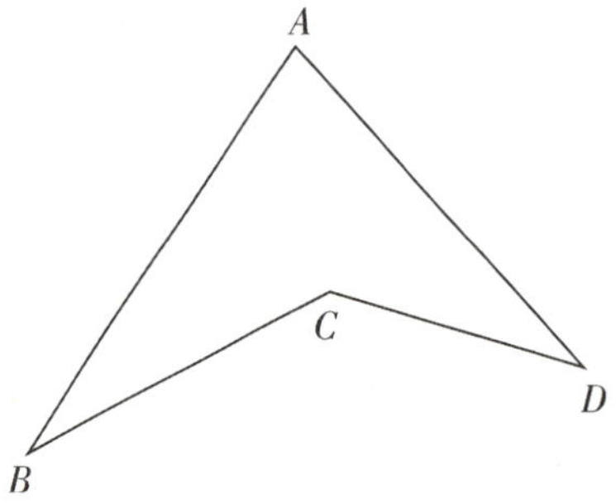 	例题紧扣三角形外角的定义与性质，突出重点，在解题中强化知识的理解和记忆. 一题多解，发散学生的思维，激发学习数学的热情.飞镖模型，是化离散为集中的典例.
（五）拓展提升	如图所示：求∠$A+$∠$B+$∠$C+$∠$D+$∠E 的度数. 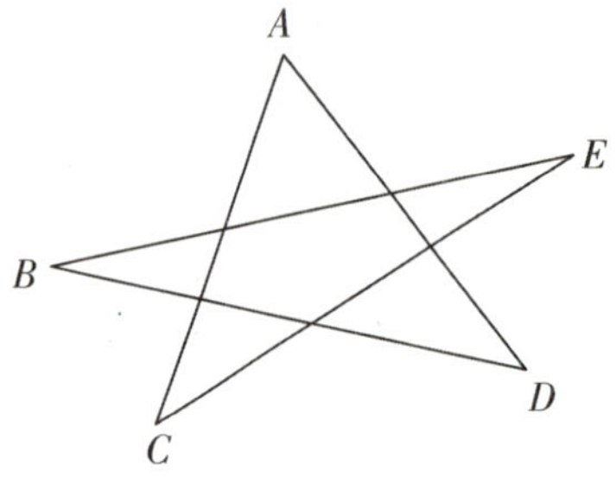 	运用三角形的外角定理解开学生心中的疑问，让学生感受成功的喜悦，体会数学在生活中处处存在，要学会用数学的眼光观察世界.一题多解，提高学生的兴趣，发散学生的思维，培养学生多角度思考的习惯.

（续表）

教学环节	教学内容	设计意图
（六） 感悟小结	大家畅所欲言,谈谈自己的收获和感悟.	课堂小结,回顾本课内容,构建知识体系.
（七） 教师寄语	祖国常亲近,不变中国心！	我们生活在地球村,始终要把心凝聚在一起,共筑中国心.利用教师寄语,教育学生将来不管在什么地方,生活怎么样,始终要有一颗爱国之心.

【教学反思】

　　本课例充分体现了新课标的理念,把培养学生的探究能力摆在首位.在进行合作探究问题时,留给学生广阔的思维空间,让学生大胆猜想、认真求证,体验探究的乐趣,培养学生自主、合作、探究、质疑、创新的科学品质.我们在设计问题时,顺应学生的认知规律,求真务实,并借助课件、多媒体、几何画板等辅助手段,全面向课堂要质量,切实提高课堂教学效率.三角形的外角被誉为平面几何中的"小精灵",运用非常灵活,为加强知识的消化,本节课我们特别注重建立几何模型,让学生掌握基本模型,并对学生一题多解的能力进行了着重培养.本课例是一堂经典的数学人文课,人文精神贯穿始终,在对学生渗透爱国主义教育方面独具匠心,起到了很好的作用.当然,本课例在实际教学过程中,也还存在一些不足,例如对于时间的把握还不够精准,在最后分享收获时,学生没有足够的表达机会,只能草草收场.

案例23 从特殊到一般

——多边形的内角和

【教　　材】湘教版数学八年级下册

【教学目标】

（1）理解多边形及正多边形的定义,掌握多边形的内角和公式.

（2）经历探索多边形内角和公式的过程,培养学生从特殊到一般的归纳能力和合作探究能力.

（3）体会数形结合的数学思想,感受成功的喜悦,提高学习数学的积极性.

【教学重点】掌握多边形内角和定理,能够运用公式解决问题.

【教学难点】探索多边形内角和公式的过程.

【教学过程】

教学环节	教学内容	设计意图
（一）情景导入	李老师围着八角形北塔散步,围着北塔转一圈是走了 360°,那么围着北塔的八条边行走一周后,其路径所构成的八个角共多少度呢?  学生自由回答	通过李老师身边的真实情境,激发学生好奇心,提高学习兴趣.在具体情境中抛出问题,引发学生思考,自然地导入新课.
（二）自主学习	1. 类比三角形的定义得出多边形的定义. 多边形的定义:在平面内,由一些线段首尾顺次相接组成的封闭图形叫作多边形. 2. 自主学习教材,类比三角形组成部分,认识多边形的边、角、顶点、对角线及正多边形. 学生根据要求自主学习,理解有关概念并做好标记	通过类比三角形的定义得出多边形的定义,体会到类比思想在数学中的积极作用,同时提高学生观察分析、归纳总结的能力.

教学环节	教学内容	设计意图
（三） 合作探究	**1.探索四边形的内角和** 说一说:(特殊的四边形)长方形的内角和是多少? 猜一猜:任意的四边形的内角和是多少? 由矩形到任意四边形,教师引导学生思考任意四边形的内角和. 证一证:(思路导引)我们知道三角形的内角和是180度,是不是可以将四边形分割成若干个三角形,从而达到求四边形的内角和的目的?学生分享解决问题的思路方法.重点分享一种方法并找出各种方法的共同特点(四边形转化成三角形). 学生先独立思考,然后相互讨论,找出更多的证明方法,教师分析每种方法的不同之处. **2.探索五边形的内角和** 让学生利用四边形的内角和探索方法独自探究五边形的内角和. **3.探索多边形的内角和** (1)从数和形的角度归纳三角形、四边形、五边形的内角和规律. (2)探索六边形、七边形的内角和 从数和形的角度探究六边形、七边形的内角和.	通过从特殊到一般的变式,抛出问题,引发思考;通过探索四边形的内角和,引导学生将四边形问题转化为三角形问题,渗透数学转化思想. 深入探究四边形内角和的多种方法,发散学生的思维,提高学习的兴趣,渗透数学分类讨论思想.

（续表）

教学环节	教学内容	设计意图
（三）合作探究	（3）探索多边形的内角和 **（表格见下）** 利用规律探索 n 边形的内角和. 得出结论： n 边形的内角和等于 $(n-2) \cdot 180°$. 教师引导学生从特殊到一般归纳多边形的内角和公式. **回归问题解决：** 李老师围着八角形北塔散步，围着北塔转一圈是走了 $360°$，那么围着北塔的八条边行走一周后，其路径所构成的八个角共多少度呢？ $(8-2) \times 180° = 1080°$. 教师引导学生用所学知识解决导入中的疑问 	类比求任意四边形内角和的方法，求出任意五边形、六边形、七边形的内角和，强化多边形问题转化为三角形问题的解题策略. 通过类比方法概括出多边形边与内角和的关系，得出多边形内角和公式. 从发现问题到解决问题，体验成功的喜悦，提高学习数学的乐趣，感受生活中处处存在数学.

（3）探索多边形的内角和

多边形	边数	图形	分成三角形的个数	内角和
三角形	3		1	$1 \times 180°$
四角形	4		2	$2 \times 180°$
五角形	5		3	$3 \times 180°$
六角形	6		4	$4 \times 180°$
七角形	7		5	$5 \times 180°$
⋮	⋮	⋮	⋮	⋮
n 边形	n		$n-2$	$(n-2) \cdot 180°$

（续表）

教学环节	教学内容	设计意图
（四）典例剖析	**例 1.** 一个多边形的内角和等于 $1980°$，它是几边形？ 学生独立完成，教师指定学生上讲台书写步骤，教师分析讲解.	公式的逆向运用，增强对公式的理解和运用，突出重点.
（五）拓展提升	**1.** 小明在计算某个多边形的内角和时，由于粗心漏掉一个内角，求得的内角和为 $1680°$. 你能否求得正确结果呢？ 学生先独立思考，再举手汇报答案，教师根据反馈适当讲解，强调公式的逆向运用.	适当增加挑战性，满足优秀学生的需要，提高学生的积极性，强化对多边形内角和的运用，发散学生的思维.
（六）感悟小结	**1.** 对角线是解决多边形问题的常用辅助线； **2.** 多边形问题 $\xrightarrow{\text{转化}}$ 三角形问题 （未知）$\xrightarrow{\text{转化}}$（已知）； **3.** 转化及类比思想是解决数学问题的常用思想. 作业布置：教材 P36 练习第 1、2 题 教师引导，由学生畅所欲言，谈谈本节课的收获与感悟.	回顾课堂，构建知识体系，深化所学知识. 学生畅所欲言，感受学习的快乐.
（七）教师寄语	不要让眼前的忧虑困扰着我们的思维，让我们把眼前的忧虑转换为先前的经验思考，只有这样我们才会无所畏惧.	教师寄语蕴含着数学转化思想，要求我们在数学中学会将未知问题转化为已知问题，化解难点，生活亦如此.

【教学反思】

本课题重视知识的获取过程，关注学生的主观能动性，把更多的时间交给学生，强调学生思维的训练，在课堂中呈现出以下亮点：

1. 本节课教师讲解的时间少，将问题抛给学生，让学生大胆地去发现、归纳；充分发挥学生的主体作用，激发学生学习的兴趣，使课堂充满生机.

2. 生活实例的导入，调动学生的积极性，有效地促进学生进一步思考. 问题从提出到解决，使学生获得成功的体验，感受数学与生活的紧密联系.

3. 教师寄语是对本堂课的升华. 将多边形问题转化为三角形问题是本堂课的重点，渗透数学转化思想. 寄语学生要善于将眼前的挫折转化为前进的垫脚石.

在课例中也有一些不足之处，例如在讨论与汇报中缺乏教师对学生个体的密切关注；在学生求证过程中时间耽误较多，影响后面的节奏.

案例24 化虚为实 柳暗花明
——分式方程无解问题

【教　　材】湘教版数学八年级上册

【教学目标】

(1)进一步理解分式方程增根的概念以及产生增根的原因,并利用增根解决相关问题.

(2)历经分式方程的增根与无解问题的探索过程,体会分类讨论思想,提升逆向思维能力.

(3)培养学生勇于探究的科学精神和辩证唯物主义观.

【教学重点】分式方程增根的理解与应用.

【教学难点】分式方程的增根与无解的联系与区别.

【教学过程】

教学环节	教学内容	设计意图
(一) 情景导入	大家看看小马虎的解题过程,你有什么看法？ 解方程: $\dfrac{2}{x-2} - \dfrac{4x}{x^2-4} = \dfrac{3}{x+2}$ **解:** 方程两边都乘以最简公分母$(x+2)(x-2)$,去分母得 　　$2(x+2) - 4x = 3(x-2)$. 　解这个方程,得 $x=2$. 　故原方程的解是 $x=2$. 　**更正:** 经检验:当$x=2$时,原方程无意义,所以$x=2$是原方程的增根,故原方程无解.	从具体的解题情境导入,提出问题,使学生易于接受,充满好奇,能轻松调动学生学习的积极性.
(二) 自主学习	**思考:** ①什么是分式方程的增根？ 　　②分式方程的无解是什么原因造成的？ **解方程:** $\dfrac{x-1}{x+2} = \dfrac{3-x}{2+x} + 2$. **解:** 去分母后化为 $x-1 = 3-x+2(2+x)$, 整理得 $0x=8$, 因为该整式方程无解,所以原分式方程无解.	通过复习归纳,把握核心知识点,厘清解题思路.

（续表）

教学环节	教学内容	设计意图
（三） 合作探究	①若方程 $\dfrac{x-3}{x-2}=\dfrac{m}{2-x}$ 有增根,则 $m=$ _____. ②若方程 $\dfrac{x-3}{x-2}=\dfrac{m}{2-x}$ 无解,则 $m=$ _____. **解**:原方程可化为 $\dfrac{x-3}{x-2}=-\dfrac{m}{x-2}$. 方程两边都乘以 $x-2$,得 $x-3=-m$. 解这个方程,得 $x=3-m$. ①依题意原方程有增根,把 $x=2$ 代入,得 $m=1$. 故当 $m=1$ 时,原方程有增根. ②依题意原方程无解,把 $x=2$ 代入,得 $m=1$ 故当 $m=1$ 时,原方程无解.	通过对比,归纳出分式方程的增根与无解问题的区别与联系,进一步理解问题的关键.
（四） 典例剖析	**例1** 已知关于 x 的分式方程 $\dfrac{mx}{x-3}+\dfrac{1}{3-x}=2$ 有增根,求 m 的值. **【点拨】**首先将分式方程转化为整式方程,然后找出增根,最后将增根代入整式方程中,求出所含字母的值. **例2** 已知关于 x 的分式方程 $\dfrac{mx}{x-3}+\dfrac{1}{3-x}=2$ 无解,求 m 的值. **【点拨】**首先将分式方程转化为整式方程,然后分两种情形讨论:1. 整式方程无解;2. 整式方程有解,但这个解却是原分式方程的增根,故原分式方程无解.	在教师的引导下,厘清解答思路,并进行规范书写,切实掌握该类问题的解答技巧.
（五） 拓展提升	**练1** 当 a 为何值时,关于 x 的方程 $\dfrac{2}{x-2}+\dfrac{ax}{x^2-4}=\dfrac{3}{x+2}$ 会产生增根? **解**:方程两边都乘以 $(x+2)(x-2)$,得 $2(x+2)+ax=3(x-2)$. 整理得 $(a-1)x=-10$. ② 依题意原分式方程有增根,则 $x=2$ 或 -2 是方程②的根. 把 $x=2$ 或 -2 代入方程②中,解得,$a=-4$ 或 6.	

（续表）

教学环节	教学内容	设计意图
（五） 拓展提升	**练 2**　当 a 为何值时，关于 x 的方程 $\dfrac{2}{x-2}+\dfrac{ax}{x^2-4}=\dfrac{3}{x+2}$ 无解？ **解**：方程两边都乘以 $(x+2)(x-2)$，得 $2(x+2)+ax=3(x-2)$ 　整理得 $(a-1)x=-10$　② 　依题意原方程无解，则有两种情形： 　（1）当 $a-1=0$（即 $a=1$）时，方程②为 $0x=-10$，此方程无解，所以原分式方程无解． 　（2）若方程②的解恰好是原分式方程的增根，则原分式方程无解．把增根 $x=2$ 或 -2 代入方程②中，得 $a=-4$ 或 6． 　综上所述，$a=1$ 或 $a=-4$ 或 $a=6$ 时，原分式方程无解．	先学生独立思考，再小组交流讨论，每组派代表阐述解题思路，重视思维过程．
（六） 感悟小结	①大家谈一谈本节课的收获与感受； ②小结分式方程增根与无解问题的解决策略． 　1. 写一篇数学小作文：以"增根"为主题，题目自拟． 　2. 解分式方程有增根现象，你在解其他方程时碰到过丢根现象吗？大家课后交流讨论．	倾听学生的心声，进一步消化关键知识，掌握这类问题的解答思路．
（七） 教师寄语	"文章非实不足以阐发义理，非虚不足以摇曳神情，故虚实常宜相济也．"〔清·唐彪〕	升华本节课的数学知识，达到课堂教育价值的最大化．

【教学反思】

　　本课例虽然是《分式》一章的难点，但在老师的精心设计和组织下，借助自主、合作、探究等学习方式，整堂课达到了预定的教学效果，实现了教育价值的最大化．通过学习，学生不但掌握了解决分式方程增根和无解问题的基本技能，还掌握了分类讨论思想和转化思想，同时还让学生受到了人文精神的熏陶，逻辑性强，得到了师生的高度认可．本堂课的例题选取很具有代表性，尤其在讲解和训练的过程中，采取对比说理方式，便于学生理解和消化，起到了奇效．但在授课过程中对时间分配把握不够好，还有必要进一步研磨，精简相关环节，为学生留下更多的思考时间．同时，还要多倾听学生的心声，要善于引导学生自己去解决问题，让学生成为课堂真正的主人．

案例25　复·活
——再谈二次根式的化简

【教　　　材】湘教版数学八年级下册

【教学目标】

(1)巩固最简二次根式的概念并学会化简.

(2)掌握复合二次根式的概念,初步探索如何化简.

(3)经历探索中的挫折,得出灵活多变的化简方式.

【教学重点】配方法在复合二次根式化简中的应用.

【教学难点】感受以退为进的数学思维方法.

【教学过程】

教学环节	教学内容	设计意图
(一) 情景导入	在二次根式的学习当中,我们学会了如何化简二次根式,最简二次根式有以下几个特征:一是被开方数中不含分母;二是被开方数中不含能开得尽方的因数或因式;三是分母当中不含二次根式;例如:$\sqrt{18}$,$\sqrt{x^2+2x+1}$,$\sqrt{(a-1)^2}$. 小明在练习过程中遇到了形如:$\sqrt{5+2\sqrt{6}}$的二次根式,他认为已经是最简形式,不能再化简,但是他的同桌认为还可以继续化简.你认为哪位同学的说法是正确的?	提出疑问,吸引学生眼球,设置悬念,激发探究兴趣,并在此处引出复合二次根式的概念:把二次根式中套着二次根式的情形叫作复合二次根式.
(二) 自主学习	观看微课视频《复合二次根式化简》,了解复合二次根式的概念及化简方式.	通过微课视频加深对复合二次根式的理解,掌握简单的化简题型.
(三) 合作探究	化简二次根式:$\sqrt{5+2\sqrt{6}}$. 回顾完全平方公式,引导学生进行逆向思考.	通过本题回顾配方法,引导学生得出化简复合二次根式的重要手段,渗透逆向思维,以退为进,总结方法,为后面的环节做铺垫.

（续表）

教学环节	教学内容	设计意图
（四）典例剖析	**例1** 化简下列二次根式： (1) $\sqrt{19-8\sqrt{3}}$； (2) 若 $x>1$，化简：$\sqrt{x+2\sqrt{x-1}}$. 学生演算，教师板书解题过程. **例2** 化简二次根式：$\sqrt{3+\sqrt{5}}$. **变式训练** 化简二次根式： $\sqrt{3+\sqrt{5}}+\sqrt{3-\sqrt{5}}$.	巩固上一题的总结成果，学会变式应用，灵活处理被开方式中无系数2的情况，从数到式，又要区别少尾项和少中间项的情况. 例2在例1的基础上将被开方式中间项中的系数2隐去，让学生学会构造中间项，从而体现本堂课的核心"活"字. 而变式训练既是对该法的巩固，又拓展了另一种方法，让学生明白既要掌握配方法，又不局限于配方法，同时给拓展提升中拓展1一定的启发作用.
（五）拓展提升	**拓展1** 化简二次根式： $\sqrt{8+\sqrt{40+8\sqrt{5}}}+\sqrt{8-\sqrt{40+8\sqrt{5}}}$. **拓展2** 计算： $\sqrt{6-\sqrt{6-\sqrt{6-\cdots}}}$.	打破惯性思维，让学生进入思维误区，尝试将 $40+8\sqrt{5}$ 配方处理，历经挫折之后，柳暗花明，学会类比之前的经验，通过上一题的变式训练得到启发，增强数学联想能力； 将拓展提升拓展1中的三层复合二次根式拓展到无限层，通过方程思想解决无穷迭代问题.
（六）感悟小结	1. 什么是复合二次根式？ 2. 化简复合二次根式常用的方法是什么？ **作业布置**：写一篇以"复合二次根式化简"为主题的数学小作文.	学生通过回顾总结，巩固本堂课的知识点，加深对知识的理解，突破重、难点.
（七）教师寄语	现象是表面的、易变的、肤浅的，而本质是深层次的、稳定的、深刻的.	通过感悟小结归纳本堂课的核心知识点，善用配方法，但不局限于配方法，学会从现象看到本质，传授给学生学习和认知上的方法，从而实现课堂教育价值最大化.

【教学反思】

　　本课例是二次根式化简的复习课,难度和深度都有一定提升,如何化简复合二次根式,对学生的要求较高.本节课做到了精心设计,集体研磨,在备课上下足了功夫.在课堂中,始终以学生为主体,将合作探究贯穿课堂始终,师生合作交流频繁,并能结合多媒体,融入生动的视频讲解,有效地缓解了内容本身带来的枯燥感.课堂上,学生上台展示机会较多,教师能及时发现学生的亮点和问题,对把握课堂节奏起到了重要作用.课堂语言精练,赠语意味深长,让学生得法于课内,得益于课外,是一堂高效有价值的课.但是也存在着些许不足,如课堂难度较大,有点忽略基础,对配方法的回顾较少;没有很好地照顾到所有同学,基础较差的同学没有充足的时间去思考和理解;教师板演的例题较少,很多同学走马观花,没有真正掌握,还缺少更为翔实的例题板书.在今后的教学设计和课堂细节上要更加注意,注重均衡发展,力求完美.

案例26 **手拉手　交朋友**
——全等三角形："手拉手"模型

【教　　　材】湘教版八年级数学上册
【教学目标】
(1)了解全等三角形的"手拉手"模型；
(2)掌握全等三角形的"手拉手"模型，并善于利用它去解决具体问题；
(3)体会化繁为简的转化思想，感悟运用几何模型解决问题的方法.
【教学重点】熟练建立"手拉手"模型，体会它的本质是图形的旋转变换.
【教学难点】利用"手拉手"模型，解决具体问题.
【教学过程】

教学环节	教学内容	设计意图
(一) 情景导入	先展示四幅生活中手拉手的图片(见课件)，然后抛出问题：几何图形"手拉手"会碰撞出怎样的火花呢？	通过情境创设，引发学生学习的兴趣，同时激发学生的好奇心和求知欲，顺利引入新课.
(二) 自主学习	一、复习归纳全等三角形的相关知识 **1.** 全等三角形的判定； **2.** 全等三角形的性质； **3.** 全等三角形的常见类型： 平移型、轴反射型、旋转型. 二、画两个顶角相等的等腰三角形，并裁剪下来：画一画、拼一拼、转一转. 观看微课视频，理解"手拉手"模型	学生动手操作，初步感悟"手拉手"模型，并通过观看微课视频，加深理解.
(三) 合作探究	1.已知△ABC 和△ADE 均为等腰三角形，$AB = AC$，$AD = AE$，且 $\angle BAC = \angle DAE$，连接 BD、CE. 问：△ABD 与△ACE 全等吗？  2.利用几何画板演示"手拉手"模型	通过严谨的推理论证，得出"手拉手"模型的依据，其依据就是全等三角形的判定定理 SAS. 理解"手拉手"模型的基本条件是：共顶点、等顶角. 得出的结论是：两条拉线相等、两条拉线的夹角等于等腰三角形的顶角. 借助几何画板的演示，进一步直观理解模型的变化，把握该模型的实质.

（续表）

教学环节	教学内容	设计意图
（四）典例剖析	**例1** 已知:如图,△CAB 和△CED 均为等腰三角形,CA＝CB,CE＝CD,∠ACB＝∠ECD＝α,连接 AD、BE 相交于点 M,求证: (1)△ACD≌△BCE; (2)AD＝BE; (3)∠AMB＝α. 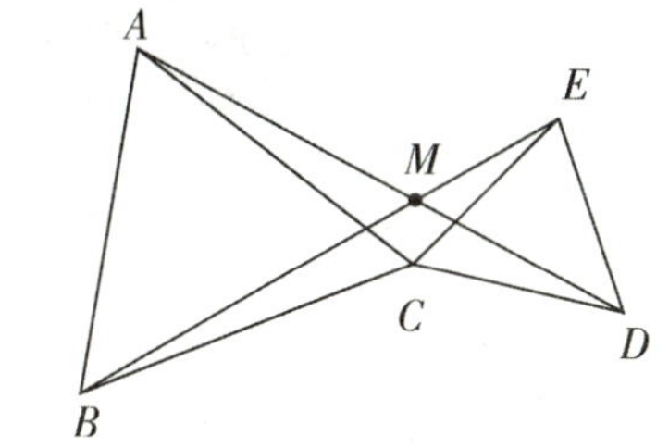 **例2** 如图,△ABC 和△CDE 均为等腰直角三角形,∠ACB＝∠DCE＝90°,连接 BE、AD 相交于点 O. 求证:(1)AD＝BE; (2)AD⊥BE. 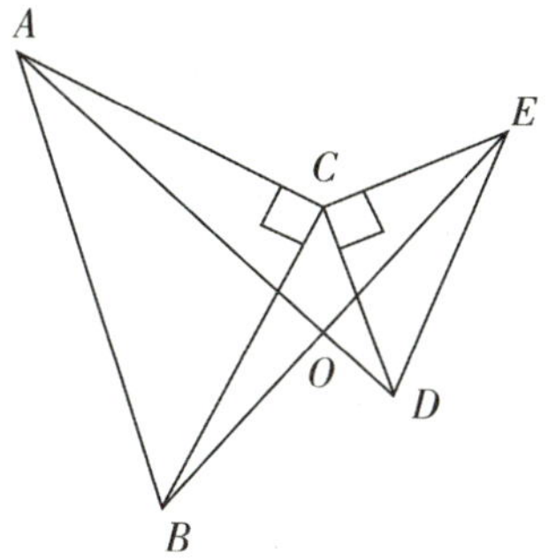	通过两个例题的训练和讲解,加强知识点的消化,进一步加深对"手拉手"模型的认识和掌握.
（五）拓展提升	如图,△ABC 和△CDE 是等边三角形,A、C、E 三点共线,连接 AD 交 BC 于点 P,连接 BE 交 CD 于点 Q,交 AD 于点 O,连接 PQ、OC.下面的智慧大闯关,你能闯到第几关呢? 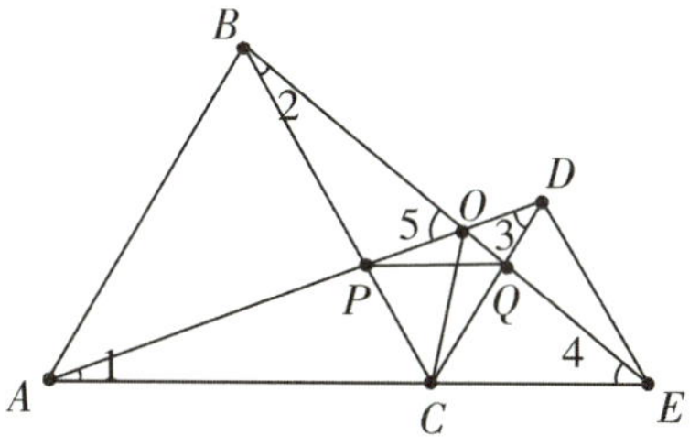	

（续表）

教学环节	教学内容	设计意图
（五） 拓展提升	第一关：$\triangle ADC \cong \triangle BEC$ 第二关：$AD = BE$ 第三关：$\triangle APC \cong \triangle BQC$ 第四关：$\triangle DPC \cong \triangle EQC$ 第五关：$\angle AOB = 60°$ 第六关：$PQ \parallel AE$ 第七关：$\triangle PCQ$ 为等边三角形 第八关：OC 平分 $\angle AOE$ 第九关：$OA = OB + OC$	通过闯关游戏，熟悉"手拉手"模型，进一步了解模型丰富的数量关系. 闯关游戏梯度设计，让更多的学生参与进来，激发学生的挑战欲望.
（六） 感悟小结	引导学生从知识、方法、思想等方面谈谈本节课的收获与体会.	倾听学生的表达，交流解题感受，理顺知识脉络.
（七） 教师寄语	从一个模型解决一类问题，从一个细节折射一种修养.	升华本节课的数学知识，达到课堂教育价值的最大化.

【教学反思】

本课题是一堂全等三角形的专题复习课，在全等三角形的判定和性质学完以后，为提升学生的几何识图能力，感悟几何模型的重要性，此时提炼出"手拉手"模型是非常必要的. 本堂课主要有以下几个亮点：

1. 整个课堂逻辑性强，环环相扣，知识由浅入深，层层递进，给人一种一气呵成的感觉.

2. 注重培养学生的动手操作和自主探究能力，真正做到了以学生为主体，教师为主导，尤其是在拓展升华环节中抛出的过关题，充分调动了学生的学习积极性，学生踊跃参与，有勇攀高峰的决心.

3. 教学过程中，充分利用微课视频、几何画板等手段，化抽象为直观，化静态为动态，促进了知识的顺利消化，起到了很好的辅助作用.

4. 课堂充满浓浓的人文味，在传授知识技能的同时，又给予学生满满的仪式感，让人回味无穷.

当然，本课例在实践操作过程中，还有一些需要改进的地方，如节奏和难度的精准把握、增加学生上台展示的机会等.

下篇

无边光景一时新：九年级案例荟萃

习近平总书记曾说："要把创新教育贯穿教育活动全过程，倡导'处处是创造之地，天天是创造之时，人人是创造之人'的教育氛围，鼓励学生善于奇思妙想并努力实践，以创造之教育培养创造之人才，以创造之人才造就创新之国家."课堂是教师的天下，课堂的魅力在于创新，富有创意的教学才是鲜活的、富有生命力的教学.

九年级学生都是意气风发的青春少年，面对求知道路上的又一个新渡口——高中，他们心怀向往，斗志昂扬，对未来有着无限美好的憧憬.青春离不开奋斗，奋斗的青春最美丽；青春离不开创新，创新的青春更有生命力.

下面展示的九年级数学人文课堂案例特别注重学生创新意识的培养和心灵家园的打造，好似一朵朵盛开的牡丹，绚丽多姿，引人入胜.

案例27　**形影相随　化繁为简**
　　　　——一元二次方程根与系数的关系

【教　　材】湘教版数学九年级上册

【教学目标】

(1)理解一元二次方程根与系数的关系,能够应用它来解决相关问题.

(2)掌握一元二次方程根与系数的关系的推理过程,培养学生"观察—发现—猜想—证明"研究问题的能力.

(3)经历问题的解决,获得成就感,提高学习兴趣.

【教学重点】掌握一元二次方程根与系数的关系.

【教学难点】应用一元二次方程根与系数的关系解决问题.

【教学过程】

教学环节	教学内容	设计意图
(一) 情景导入	师:同学们,你能填入一次项系数与常数项,使得下列方程有一个根为2吗? 　　$x^2+(\quad)x+(\quad)=0.$ 学生畅所欲言,教师适当点评. 师:我们有什么技巧能又快又准地找出合适的数?	抛出一个开放性问题,让学生畅所欲言,激发学生挑战欲望,让学生快速进入学习状态.精心设置悬念,让学生带着疑问学习新知.
(二) 自主学习	学生自主学习教材P46~P47,将重点知识进行标注.	学生带着疑问在教材中寻找答案,了解一元二次方程根与系数的关系.
(三) 合作探究	**1.知识准备** $x^2-5x+6=0,$ ⬇ $(x-2)(x-3)=0.$ ⬇ $x_1=2,x_2=3.$	已知一元二次方程,用因式分解法求它的两个根;已知一元二次方程的两个根,求作出方程.

（续表）

教学环节	教学内容	设计意图
（三） 合作探究	若 2 和 3 是方程 $x^2-5x+6=0$ 的根， ⬇ $(x-2)(x-3)=0$， ⬇ $x^2-5x+6=0$. 教师引导学生进行逻辑推理，强调每步之间的逻辑性. **问题**：对于方程 $ax^2+bx+c=0(a\neq 0)$，当 $\triangle\geqslant 0$ 时，该方程的两个根与三个系数有怎样的关系？ **结论**：若 x_1、x_2 是方程 $x^2+px+q=0$ 的两个根，则 $x^2+px+q=(x-x_1)(x-x_2)$ **解**：设方程 $ax^2+bx+c=0(a\neq 0)$ 的两个根为 x_1、x_2. 由方程 $ax^2+bx+c=0$， 可得 $x^2+\dfrac{b}{a}x+\dfrac{c}{a}=0$ 所以 x_1,x_2 是方程 $x^2+\dfrac{b}{a}x+\dfrac{c}{a}=0$ 的两个根. 则 $x^2+\dfrac{b}{a}x+\dfrac{c}{a}=(x-x_1)(x-x_2)$ 整理得 $x^2+\dfrac{b}{a}x+\dfrac{c}{a}$ $=x^2-(x_1+x_2)x+x_1x_2$. 根据两个多项式相等可以得到： $x_1+x_2=-\dfrac{b}{a}$，$x_1x_2=\dfrac{c}{a}$. **师**：大家还有其他方法证明吗？ x_1+x_2 $=\dfrac{-b+\sqrt{b^2-4ac}-b-\sqrt{b^2-4ac}}{2a}$ $=\dfrac{-2b}{2a}$ $=-\dfrac{b}{a}$	师生合作，通过一元二次方程的整理变形，得到根与系数的关系，培养学生严谨的科学态度，让学生获得成功的喜悦，提高学习数学的兴趣.

（续表）

教学环节	教学内容	设计意图
（三） 合作探究	$x_1 \cdot x_2$ $=\dfrac{-b+\sqrt{b^2-4ac}}{2a} \cdot \dfrac{-b-\sqrt{b^2-4ac}}{2a}$ $=\dfrac{b^2-(b^2-4ac)}{4a^2}$ $=\dfrac{4ac}{4a^2}$ $=\dfrac{c}{a}.$ **一元二次方程根与系数的关系：** $x_1+x_2=-\dfrac{b}{a}, x_1 x_2=\dfrac{c}{a}.$ 文字语言：一元二次方程两根的和等于一次项系数与二次项系数的比的相反数，两根的积等于常数项与二次项系数的比. 学生先独立思考，然后举手汇报，教师适当点评.教师板书韦达定理的文字语言与符号语言. 师：一元二次方程根与系数的关系又称为韦达定理，让我们了解一下数学家韦达. 韦达是法国 16 世纪最有影响的数学家之一.第一个引进系统的代数符号，并对方程论做了改进.韦达在欧洲被尊称为"代数学之父".韦达讨论了方程根的各种有理变换，发现了方程根与系数之间的关系（所以人们把叙述一元二次方程根与系数关系的结论称为"韦达定理"）. 	引导学生从已有的经验出发，再次证明方程根与系数的关系，培养学生的逻辑推理能力，学会多维度思考，拓展学生思维. 学生了解数学中的人文故事，感受数学文化，增强学习数学的兴趣.

（续表）

教学环节	教学内容	设计意图
（四） 典例剖析	**例 1** 根据一元二次方程根与系数的关系,求下列方程的两根的和与积. (1)$x^2-6x+1=0$；(2)$2x^2-x=6$. **例 2** 已知方程 $3x^2-18x+m=0$ 的一个根是 1,求它的另一个根及 m 的值. 例 1 的解析,教师在黑板上板书,强调格式.例 2 让学生独立完成,指定学生汇报答案. **回归问题解决：** 师：同学们,我们学习韦达定理后,对于这个问题,大家有什么新思路吗? $x^2+(b)x+(c)=0.$ **解：**设另一个根为 x_2. ∵$2+x_2=-b$, ∴$b=(2+x_2)$. ∴$c=2x_2$. 学生利用所学内容,继续解决导入中的问题,教师讲解方法.	强化对韦达定理的理解,并运用定理解决具体问题,提升学生的思维能力. 回归问题解决,解开悬念,使课堂教学首尾呼应.让学生感受解决问题的完整过程,积累活动经验,并获得成就感.
（五） 拓展提升	1.已知 x_1、x_2 是关于 x 的一元二次方程 $x^2+2ax+b=0$ 的两个实数根,且 $x_1+x_2=3,x_1·x_2=1$,求 a,b 的值. 2.闯关游戏：请将下列代数式整理为 x_1+x_2 和 $x_1·x_2$ 的形式. 第一关 $\frac{1}{x_1}+\frac{1}{x_2}=\frac{x_1+x_2}{x_1x_2}$; 第二关 $(x_1+1)(x_2+1)=x_1x_2+(x_1+x_2)+1$; 第三关 $x_1^2+x_2^2=(x_1+x_2)^2-2x_1x_2$; 第四关 $(x_1-x_2)^2=(x_1+x_2)^2-4x_1x_2$; 第五关 $\frac{x_1}{x_2}+\frac{x_2}{x_1}=\frac{x_1^2+x_2^2}{x_1x_2}$ $=\frac{(x_1+x_2)^2-2x_1x_2}{x_1x_2}$;	强化对定理的运用,通过对代数式的变形,体会转化思想,感悟化繁为简的数学魅力.

（续表）

教学环节	教学内容	设计意图
（五） 拓展提升	习题1让学生先独立思考,教师再适当点评.习题2教师先组织学生相互挑战,学生再举手回答,教师适当点评.	
（六） 感悟小结	谈谈本节课你有什么收获? 教师适当引导,学生畅所欲言谈谈本节课的收获与感悟.	回顾本节课内容,梳理知识点,结合已有经验构建知识体系.
（七） 教师寄语	挫折,是一块石头:对于强者,它是垫脚石;对于弱者,它是绊脚石.	教师寄语是对数学转化思想的升华,引导学生辩证地看待挫折,激励学生在学习中迎难而上.让学生在课堂中既能体会数学的严谨与理性,又能体会人文精神的激励与感性.

【教学反思】

本课例是一堂具有人文精神的数学课,课堂中既有对数学知识的精彩探究,又有潜移默化的人文教育,有以下亮点:

1. 导入新颖,首尾呼应.本堂课由问题导入,激发学生好奇心,使学生能够快速进入学习状态.问题悬而未解,学生带着疑问学习新知,再利用新知解决问题,让学生感受到从实践到理论的认知规律;课堂结构严谨,环环相扣,遵循学生认知规律,体现了数学课堂的逻辑美.

2. 以人为本,以文化人.在课堂中充分体现学生的主体地位,引导学生积极探索,追根溯源,找出知识的本质,让学生知其然,又知其所以然.课堂中设计挑战环节,充分调动学生的积极性,让学生真正成为课堂的主人.

3. 主标题是本课例知识的高度归纳.一元二次方程根与系数紧密相连,由系数可以求得方程的根以及能得到两根之和与两根之积,将这种关系描述为"形影相随".在与两根有关的代数式化解题型中,常常需要构造为两根之和或两根之积的形式,借助整体,实现"化繁为简".

4. 教师寄语是由本课中的转化思想升华得到的一个道理.在生活中,我们同样可以将困难转化为垫脚石,将阻力转化为动力,顺其自然地对学生进行思想教育,实现德育目标.

案例28 **求同存异　和而不同**
——相似三角形的性质

【教　　材】湘教版数学九年级上册
【教学目标】
(1)掌握相似三角形的面积之比等于相似比的平方,能够运用该性质解决有关问题;

(2)通过操作、观察、猜想、类比、证明等教学活动,探索相似三角形面积比等于相似比的平方,体验化归思想,并利用其性质解决有关问题;

(3)营造让学生自主探索与合作交流的学习氛围,感受数学活动,提高学习热情,增强探索意识,感受交流与合作的乐趣.

【教学重点】相似三角形的面积之比与相似比的关系.
【教学难点】相似三角形的面积之比与相似比的关系的灵活应用.
【教学过程】

教学环节	教学内容	设计意图
(一) 情景导入	**森林选秀会** 　　在5倍的放大镜下看到的三角形与原三角形相比,三角形哪些对应量变化了呢? 　　小猴急不可耐地说:"三角形的边长放大了5倍." 　　梅花鹿也不示弱地说:"三角形的对应中线、对应高、对应角平分线放大了5倍!" 　　蛇马上补充:"∠A、∠B、∠C的度数都没有变!" 　　老虎和狮子异口同声地说:"三角形的周长也放大了5倍!" 　　乌鸦也耐不住寂寞了,立即附和道:"三角形的面积也放大了5倍!" 	利用童话情境,巧妙地提出问题,充分调动学生的积极性和参与度.

(续表)

教学环节	教学内容	设计意图
（二） 自主学习	1. 相似三角形的判定； 2. 相似三角形的性质； 3. 等高三角形的面积比等于底边之比.	让学生复习归纳相关知识，为本堂课的学习打下铺垫.
（三） 合作探究	**探究活动：** 1. 观察：下图(1)(2)(3)分别是边长为 1、2、3 的等边三角形，它们都相似. 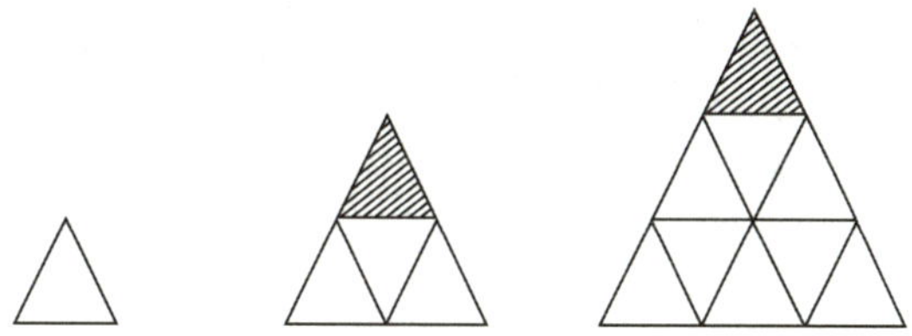 (2)与(1)的相似比 = _____， (2)与(1)的面积比 = _____； (3)与(1)的相似比 = _____， (3)与(1)的面积比 = _____. 从上面可以看出当相似比 $=k$ 时，面积比 $=$ _____ 2. 猜想归纳：_____ 3. 证明结论： 已知：$\triangle ABC \backsim \triangle A_1B_1C_1$，相似比为 K. 求证：$\dfrac{S_{\triangle ABC}}{S_{\triangle A_1B_1C_1}}=K^2$. 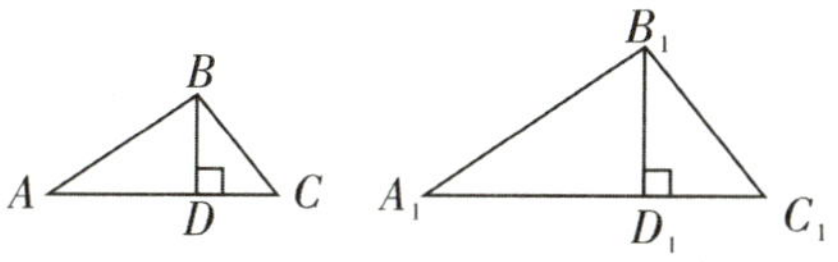 结论：相似三角形的面积比等于相似比的平方.	从特殊到一般，引导学生积极探索，猜想一般结论，寻求证明方法. 让学生回顾三角形的面积公式，自然引出辅助线，从而解决问题.
（四） 典例剖析	**例1**　已知：$\triangle ABC$ 与 $\triangle A'B'C'$ 的相似比为 2：3，且 $S_{\triangle ABC}+S_{\triangle A'B'C'}=91$，求 $S_{\triangle A'B'C'}$. **例2**　如图，已知：在 $\triangle ABC$ 中，$EF\parallel BC$，$\dfrac{AE}{EB}=\dfrac{1}{2}$，$S_{四边形BCFE}=8$，求：$S_{\triangle ABC}$. 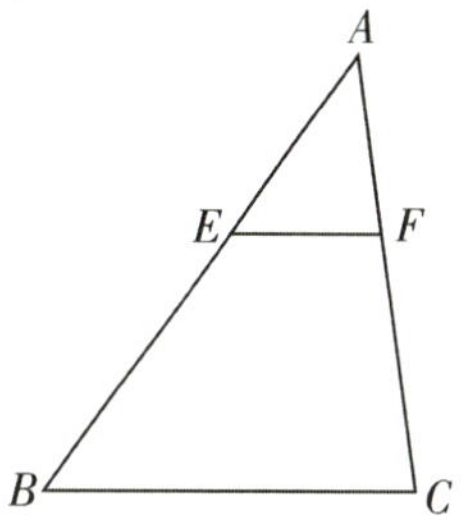 	通过两道例题的训练和讲解，进一步理解和掌握相似三角形的性质.

（续表）

教学环节	教学内容	设计意图
（五） 拓展提升	某社区有资金 2000 元,计划在一块上底、下底分别是 10 米、20 米的梯形空地上种植花木,他们想在 △AMD 和 △BMC 地带种植单价为 10 元/平方米的太阳花,在 △AMB 和 △DMC 地带种植单价为 8 元/平方米的月亮花.当 △AMD 地带种满花后,已经花去了 200 元,请你预算一下,资金是否够用? 并说明理由. 	让学生感受到数学来源于生活,又服务于生活的理念,学以致用,利用数学知识解决实际问题.
（六） 感悟小结	大家畅所欲言,谈谈自己的收获和感悟. **作业:** 1. 若两个相似三角形的对应角的平分线之比是 1:2,则这两个三角形的对应高线之比是 _____,对应中线之比是 _____,周长之比是 _____,面积之比是 _____;若两个相似三角形的面积之比是 1:2,则这两个三角形的对应的角平分线之比是 _____,对应边上的高线之比是 _____,对应边上的中线之比是 _____,周长之比是 _____. 2. 有一个三角形的边长为 3,4,5,另一个和它相似的三角形的最小边长为 7,则另一个三角形的周长为 _____,面积是 _____. 3. 在平行四边形 ABCD 中,E 为 BA 延长线上的一点,CE 交 AD 于 F 点,若 AE:AB = 1:3,求 $S_{四边形ABCF}:S_{△CDF}$. 	课堂小结,回顾本课题学习内容,构建知识体系. 针对性练习,加深本堂课知识的消化和巩固.

（续表）

教学环节	教学内容	设计意图
（七） 教师寄语	君子和而不同,小人同而不和,希望大家做一名谦谦君子,美美与共!	课堂上引导学生情感的升华,巧妙进行人文精神的熏陶,达到余音绕梁的效果.

【教学反思】

本课例的教学重点是探索相似三角形的性质并能应用相似三角形的性质解决问题. 实际上就是在了解相似三角形基本性质和判定方法的基础上,进一步研究相似三角形的独特性质,以完成对相似三角形的全面探究. 本堂课有以下几个亮点:

1. 合作探究. 本课堂的教学是以小组合作的形式展开,让学生自主探究、发现结论,体验成功的快乐,培养学生探究问题的科学态度,促进创造性思维的发展.

2. 类比归纳. 通过类比归纳,让学生发现其中的异同点,更好地理解并掌握相似三角形对应线段的比、周长的比等于相似比,而面积比等于相似比的平方,体会到求同存异、和而不同的妙处.

3. 深入挖掘. 把相似三角形的面积之比与等高三角形的面积之比进行融合,并把它应用到实际生活中,这对培养逻辑思维能力和应用能力很有作用.

当然,本堂课在具体的实践过程中,还存在一些需要改进的地方. 例如:板书设计还有点杂乱;在讲解拓展升华题时可以考虑先设计两个预备题,来降低一下难度;等等.

案例29 执子之手 与子同"形"
——一线三等角模型

【教　　材】湘教版数学九年级上册

【教学目标】

(1)从直观上掌握一线三等角模型并学会证明.

(2)学会在复杂图形中挖掘基本图形.

(3)经历观察、探究、证明、归纳等过程,感受几何图形变化的魅力.

【教学重点】掌握一线三等角的基本特征.

【教学难点】掌握从特殊到一般及从一般到特殊的数学思想,学会识别基本模型,灵活应用基本模型.

【教学过程】

教学环节	教学内容	设计意图
(一) 情景导入	如图,在正方形 $ABCD$ 中,E 为 BC 上任意一点(与 B、C 不重合),$\angle AEF=90°$.观察图形: (1)△ABE 与△ECF 是否相似?并证明你的结论. (2)若 E 为 BC 的中点,连接 AF,图中还有哪些三角形相似? 	创设问题情景,回顾全等三角形中一线三等角的基本关系,设置疑难点:当 E 点为中点时,会擦出什么样的火花?激发学生的探究兴趣,为下一步合作探究做铺垫.
(二) 自主学习	复习全等三角形中的一线三等角模型,查阅资料了解相似三角形中的一线三等角模型.	通过回顾旧知,寻找解题突破口;预习新知,强化解题要领,双管齐下,提升课堂效率.

(续表)

教学环节	教学内容	设计意图
（三） 合作探究	**问题1：** 　（1）如图,点 E 为 BC 上任意一点,若 $\angle B = \angle C = \angle AEF = 60°$,则 $\triangle ABE$ 与 $\triangle ECF$ 相似吗？ $\angle B = \angle C = \angle AEF = 120°$ 呢？ 　（2）如图,点 E 为 BC 上任意一点,若 $\angle B = \angle C = \angle AEF = \alpha$,则 $\triangle ABE$ 与 $\triangle ECF$ 还相似吗？ 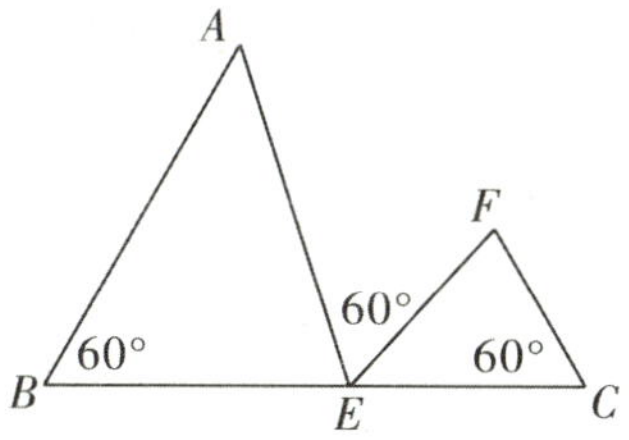 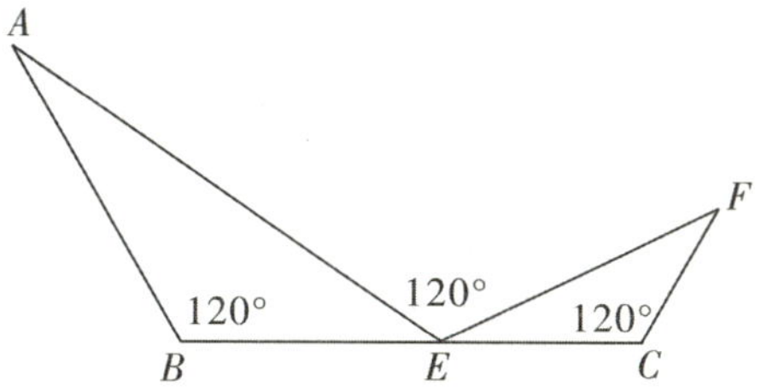 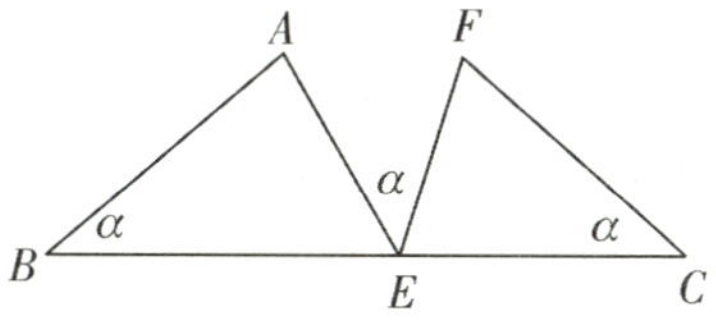 **问题2：** 　（1）延长 BA、CF 相交于点 D,且 E 为 BC 的中点,若 $\angle B = \angle C = \alpha$, $\angle AEF = \angle C$,连接 AF. 　①找出图中的相似三角形. 　②说出图中相等的角及边之间的关系. 　（2）若 E 为 BC 的中点,连接 AF,图形中还有哪些三角形相似？ 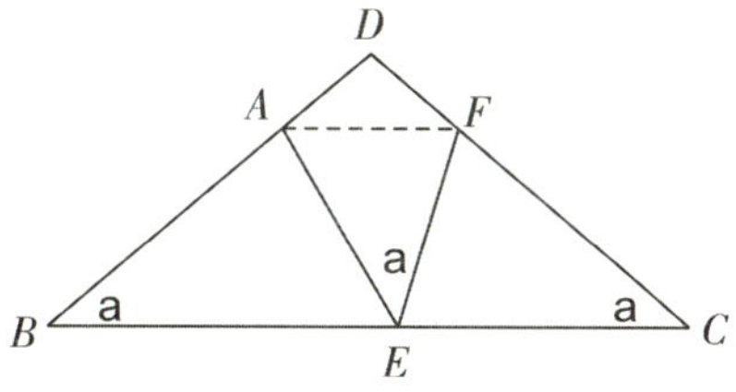 **问题3：** 回归情景导入,解决问题.	此处设计两个探究问题,问题1由 60°角到 120°角,再推广到一般情况. 学生经历观察、讨论、探究的学习过程,直观感受一线三等角模型,体会角度需要满足的条件,和主标题"执子之手,与子同形"相呼应,感受外角和定理在证明过程中的优越性,同时渗透从特殊到一般、分类讨论的数学思想.问题2又由一般到特殊,当 E 点为中点时,通过比例转化,得出另一组三角形相似,逻辑严谨,循序渐进,在此处回归问题解决,水到渠成,学生豁然开朗.

（续表）

教学环节	教学内容	设计意图
（四） 典例剖析	**例1** 矩形 $ABCD$ 中，把 DA 沿 AF 对折，使 D 与 CB 边上的点 E 重合，若 $AD=10$，$AB=8$，则 $EF=$ _____． **变式训练**：在直角梯形 $ABCF$ 中，$CB=14$，$CF=4$，$AB=6$，$CF /\!/ AB$，在边 CB 上找一点 E，使以 E、A、B 为顶点的三角形和以 E、C、F 为顶点的三角形相似，则 $CE=$ _____． **例2** 已知：D 为 BC 上一点，$\angle B=\angle C=\angle EDF=60°$，$BE=6$，$CD=3$，$CF=4$，则 $AF=$ _____ 	本组练习强化对模型的训练，引导学生在复杂图形中寻找基本模型，有梯度地设计练习题，强调在对应关系不明确的情况下，需要分类讨论．观察学生掌握情况，适时作出反馈补充教学．
（五） 拓展提升	已知：$\triangle ABC$ 中，$AB=AC$，$\angle BAC=120°$，D 为 BC 的中点，且 $\angle EDF=\angle C$， （1）若 $BE \cdot CF=48$，则 $AB=$ _____． （2）在（1）的条件下，若 $EF=m$，则 $S_{\triangle DEF}=$ _____． 	以一线三等角为基本模型，在已有的解题经验下，改变条件、形式，训练学生灵活处理问题的能力，发挥数学联想．既让学生学会转化乘积式，又能应用角平分线的性质，将理论转化为实践，推动学生综合素质的提高．

（续表）

教学环节	教学内容	设计意图
（六） 感悟小结	谈谈本节课你的收获.	几何是复杂的,图形是变化的,解题思想是多样的. 通过感悟小结,总结模型的外在形式,深化内在联系,化繁为简,把课堂知识转化为一种体验,有助于学生突破难点,更加系统地掌握知识.
（七） 教师寄语	与凤凰同飞,必是俊鸟; 与虎狼同行,必是猛兽. ——《荀子》	一线三等角在形状上仿佛牵手的两个三角形,因为有了相等的角,于是便同了形,由此上升到交友之道:和勤奋的人同行,就不会懒惰;和正能量的人同行,就不会消沉.

【教学反思】

本课例在全等三角形中一线三等角的基础上,通过弱化条件得出相似模型,其本质——角度关系不变,但在题型的应用方面更具挑战性. 课堂引入设置疑难点,充分调动学生的积极性;通过合作探究突破模型特征,尽管条件变化,但数学问题的本质不变,始终围绕着模型,结合分类讨论思想、从特殊到一般思想、转化思想,灵活处理多变的情形,坚持启发性教学;引导学生突破重重困难,建立学习数学的信心. 课堂标题充满浪漫主义色彩,寄语充满人文关怀,前后呼应,打破传统课堂的束缚,追求人文课堂的创新. 但在课堂教学的实操中,因为内容难度偏大,所以部分学生有点跟不上节奏;学生思考时间偏少,创新性思维的培养力度还有欠缺;一线三等角虽是基本模型,但其结论不可直接使用,课堂上还需要规范的板书和严谨的证明过程.

案例30 边角友谊 情深似海
——解直角三角形

【教　　材】湘教版九年级数学上册

【教学目标】

（1）使学生理解直角三角形中五个元素的关系，会运用勾股定理、直角三角形的两个锐角互余及锐角三角函数解直角三角形．

（2）逐步培养学生分析问题、解决问题的能力；领会教学活动中的类比思想，提高学生学习数学的积极性．

（3）使学生亲身经历解直角三角形的过程，感受数学知识的实用性，培养学生积极的情感和态度．

【教学重点】会用锐角三角函数解直角三角形．

【教学难点】锐角三角函数在解直角三角形问题中的灵活运用．

【教学过程】

教学环节	教学内容	设计意图
（一）情景导入	要想使人安全地攀上斜靠在墙面上的梯子的顶端，梯子与地面所成的角 α 一般要满足 $50°\leqslant\alpha\leqslant75°$，现有一个长 6 m 的梯子，问：使用这个梯子最高可以安全攀上多高的墙（精确到 0.1 m）？	通过生活场景，吸引学生的眼球，激发探索兴趣，调动学习的积极性．
（二）自主学习	自主学习教材 P121～P122，回答下列问题：如图，在直角三角形 ABC 中，$\angle C=90°$，$\angle A$，$\angle B$，$\angle C$ 的对边分别记作 a,b,c． （1）直角三角形的三边之间有什么关系？ $a^2+b^2=c^2$．（勾股定理） （2）直角三角形的锐角之间有什么关系？ $\angle A+\angle B=90°$． 直角三角形的边和锐角之间有什么关系？ $\sin A=\dfrac{\angle A\text{ 的对边}}{\text{斜边}}=\dfrac{a}{c}$ $\cos A=\dfrac{\angle A\text{ 的邻边}}{\text{斜边}}=\dfrac{b}{c}$ $\tan A=\dfrac{\angle A\text{ 的对边}}{\angle A\text{ 的邻边}}=\dfrac{a}{b}$	以后学生自主学习，培养学生的阅读能力和独立思考的能力．巩固旧知，提高学生学习新知的积极性．

（续表）

教学环节	教学内容	设计意图
（三） 合作探究	【议一议】 　　在一个直角三角形中,除直角外有 5 个元素(3条边、2 个锐角),要知道其中的几个元素才可以求出其余的元素? 　　在直角三角形中,除直角外的 5 个元素(即 3 条边和 2 个锐角),只要知道其中的 2 个元素(至少有一个是边),根据三角函数,才可以求出其余的 3 个未知元素. 　　我们把直角三角形中利用已知元素求其余未知元素的过程叫作解直角三角形. **解直角三角形的依据:** (1)三边之间的关系:$a^2+b^2=c^2$(勾股定理); (2)锐角之间的关系:$\angle A+\angle B=90°$; (3)边角之间的关系: $$\sin A=\frac{a}{c},\cos A=\frac{b}{c},\tan A=\frac{a}{b}$$ (4)面积公式:$S_{Rt\triangle ABC}=\frac{1}{2}a\cdot b=\frac{1}{2}c\cdot h$	学生合作探究,揭示规律.培养学生观察、分析、解决问题的能力.鼓励学生大胆表达观点,提高学生表达能力,感受数学的乐趣.
（四） 典例剖析	**例 1**　在△ABC 中,∠C＝90°,∠A＝60°. (1)若 c＝10,求 a,b 的值; (2)若 a＝4,求 b 及∠B 的值. 　　**例 2**　已知:如图,在 Rt△ABC 中,∠BAC＝90°,点 D 在 BC 边上,且△ABD 是等边三角形.若 AB＝2,求△ABC 的周长.(结果保留根号) 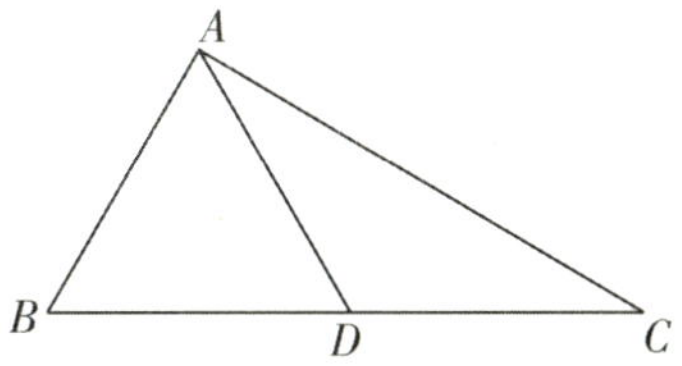 **回归问题解决:** 因为 $h=\sin 75°×6≈5.8$(m) 所以使用这个梯子最高可以安全攀上 5.8 m的墙.	设计多样化的例题,强化对解直角三角形的理解,能够运用解直角三角形的方法解决问题.

（续表）

教学环节	教学内容	设计意图
（五） 拓展提升	如图，在△ABC中，$CD \perp AB$，垂足为 D. 若 $AB=12$，$CD=6$，$\tan A = \dfrac{3}{2}$，求 $\sin B + \cos B$ 的值. 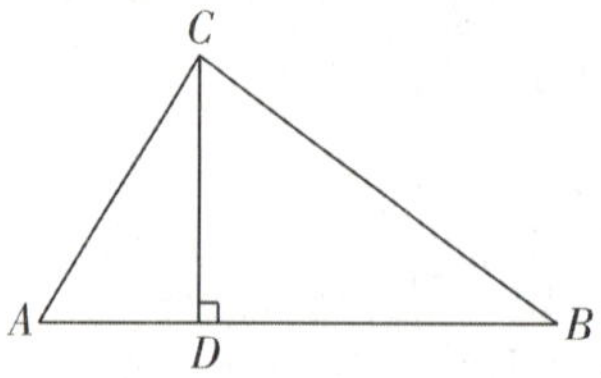 	适当拔高难度，激发学生挑战欲，提高学习兴趣. 进一步巩固新知，突破难点.
（六） 感悟小结	谈谈本节课你有什么收获. 作业布置：P123 第1、2题	学生分享本节课的收获，培养学生的归纳和表达能力. 建立知识体系，强化对新知的理解.
（七） 教师寄语	万事万物皆有联系，世界上没有孤立存在着的事物.	揭示边与角的内在联系，充满人文气息的话语让学生更能够理解边与角相互转化的关系.

【教学反思】

本课例是前面学习正弦、余弦、正切等内容的延续，既巩固旧知，又对直角三角形知识的进一步探究. 在教学中有以下亮点：

1. 教学结构严谨. 课堂从生活情景导入，让学生产生浓厚的学习兴趣. 例题难度适中，满足多数同学的需求，拓展提升，激发学生挑战欲望.

2. 课堂气氛民主. 本课知识点不难，教师大胆放手让学生去思考. 例如直角三角形中由两个元素（至少有一条边）求其他三个元素这一规律就由学生自己去探索，提高学生的参与度.

3. 人文气息浓厚. 主标题"边和角的友谊"形象地刻画直角三角形中边和角的关系，帮助学生理解在直角三角形中边和角是可以转化的. 教师寄语更是将边角的关系寓意为世界万物的联系，深化课堂主题.

在教学中同样有些不足之处，例如，自主学习环节时间偏少，直角三角形中边角转化的方法讲解不够细致.

案例31 直线与圆的最美相遇
——直线与圆的位置关系

【教　　材】湘教版数学九年级下册
【教学目标】
　　(1)了解和掌握直线与圆的位置关系.
　　(2)学会通过直线与圆的公共点判断直线与圆的位置关系;学会通过圆心到直线的距离与半径的大小关系来判断直线与圆的位置关系.
　　(3)经历观察、合作、猜想、探究、归纳的过程,感受生活的视觉美和数学的人文美.
【教学重点】了解直线与圆的位置关系.
【教学难点】直线与圆的位置关系的应用.
【教学过程】

教学环节	教学内容	设计意图
(一)情景导入	下图是我校某间教室在横梁上一些被破坏的痕迹,请同学们发挥自己的聪明才智,帮老师来"破案",找找谁是"嫌疑人".  (提出问题,学生大胆猜想,教师引导)	通过生活场景,创设"悬案",吸引学生的眼球,激发探索兴趣,大胆猜想其中蕴含的数学道理.
(二)自主学习	请学生带着问题阅读教材 P64～P65. 问题: (1)直线与圆的位置关系有哪些? (2)判断直线与圆的位置关系的方法有哪些? (学生自主阅读,小组交流谈论)	通过阅读教材,了解相离、相切、相交等概念以及直线与圆的位置关系,初步掌握判断方法,在课堂中通过合作探究解决疑惑.

（续表）

教学环节	教学内容	设计意图
（三） 合作探究	**动手操作**：在平面内画一个圆及任意一条直线． **思考1**：这些直线可以分为几类？谈谈你的分类依据． （学生动手操作感受直线与圆的位置关系，并能总结归纳．） 切点　切线　交点　割线 直线和圆没有公共点时，叫作直线和圆相离． 直线和圆有一个公共点时，叫作直线和圆相切．这条直线叫作圆的切线．这一个公共点叫作切点． 直线和圆有两个公共点时，叫作直线和圆相交．这时直线叫作圆的割线． 相离：长河落日圆 相切：秋水共夕阳 相交：半壁见海日 （用诗句描述三种状态，教师引导，学生自由发挥．） **思考2**：直线与圆的位置关系不同时，圆心与直线的距离与半径有什么数量关系？ 相离　相切　相交 切点　切线　交点　割线 （通过"再观察"掌握直线与圆的位置关系判定方法的多样性，结合思考1进行总结．）回归情景导入中的问题，破解"悬案"，找出"嫌疑人"．	动手操作，合作交流，归纳直线与圆的位置关系，并会通过公共点的个数进行判断；继续观察、思考，发现圆心与直线的距离与半径之间的关系，进一步体会"数形结合"的数学思想．师生合作，借助诗句描述三个直线与圆的位置的不同的状态，充满人文浪漫主义气息，感受数学当中有生活．回归问题解决，感受生活当中处处有数学．

（续表）

教学环节	教学内容	设计意图
（四）典例剖析	1. 已知圆的半径等于5，直线 l 与圆没有交点，则圆心到直线的距离 d 的取值范围是＿＿＿＿＿． 2. 已知⊙O 半径为2，直线 l 上有一点 P 满足 $PO=2$，则直线 L 与⊙O 的位置关系是＿＿＿＿＿． 3. 如图，在 Rt△ABC 中，∠$C=90°$，$AC=3$ cm，$BC=4$ cm，若以点 C 为圆心，以下列 r 为半径作⊙C，⊙C 与直线 AB 的位置关系如何？为什么？ (1)$r=2$ cm；(2)$r=2.4$ cm；(3)$r=3$ cm．	这组练习从两个角度考查学生对判定方法的掌握情况：一是公共点的个数，二是圆心与直线的距离与半径之间的关系．活学活用，巩固理解．
（五）拓展提升	已知圆心 O 到直线 m 的距离为 d，⊙O 的半径为 r． (1)当 d,r 是关于 x 的 $x^2-9x+20=0$ 方程的两根时，判断直线 m 与⊙O 的位置关系； (2)当 d,r 是关于 x 的 $x^2-4x+p=0$ 方程的两根时，直线 m 与⊙O 相切，求 p 的值． （学生口述，教师板书）	灵活运用判定方法，并结合一元二次方程解的情况进行考查，既能根据根的情况判断位置关系，也能根据位置关系判断根的情况，熟练掌握双向应用．
（六）感悟小结	通过这节课的学习，你有什么收获？ 1. 如何判断直线与圆的位置关系． 2. 数形结合思想的重要性．	通过自我总结加深对知识的理解，强化数学思想在解题中的重要性．
（七）教师寄语	挫折是前进道路上的绊脚石，砥砺前行，你就能与成功完美相遇！	由相遇的动态过程联想到困境中不能停歇的步伐，唯有前进才能突破自己，把数学结论转变成面对挫折的方法，去激励自己．

【教学反思】

本课例由一桩"悬案"作为情景导入，学生的想象力丰富，有说老鼠咬的、风吹的、扇叶打的……破案过程十分有趣，所有同学积极参与，极大地激发了探究兴趣．探究过程简单易操作，设计科学合理．尤其是合作写诗环节，同学们各抒己见，施展自己的才华，课堂气氛达到高潮，让学生感悟充满数学人文味，体会到数学独特的魅力．题型设计由浅入深，涵盖面广，讲解细致精彩，是一堂高效的数学人文课．整个过程始终以学生为主体，合作探究，教师点评，用数学思想引导学生去发现问题，然后回归生活，解决问题，过程行云流水．课堂充满诗意，同时又富含哲理,给学生精神和生活态度的指导,学生通过课堂的体验,不仅学会了理性地思考问题,更懂得了如何生活,这就是我们追求的数学人文课堂.

当然,本堂课在教学中也同样存在不足之处,如学生自主探究有点偏于形式、课堂的节奏有点快、学生的思考时间偏少等.

案例32　由中点想到了什么
——与中点有关的几何问题

【教　　材】湘教版数学九年级下册
【教学目标】
　　(1)学会解决与中点有关的几何问题.
　　(2)利用倍长中线法、中位线、三线合一、直角三角形斜边上的中线等知识解决跟线段中点有关的问题.培养学生的数学联想能力和逻辑推理能力.
　　(3)鼓励学生迎难而上解决综合题,通过合作、交流、类比得出答案,体验成功的喜悦.
【教学重点】中点在几何问题中的应用.
【教学难点】通过数学联想构造常见的几何模型,培养学生的发散性思维.
【教学过程】

教学环节	教学内容	设计意图
(一) 情景导入	请同学们说说数学跟"中"有关或者由"中"你能联想到的名词. 三线合一　　倍长中线 直角三角形斜边上的中线　　中位线	数学联想是一种重要的思维过程,是创造性思维在解决数学问题时的一种重要体现,通过联想常见的数学概念,结合题目本身的特点,熟练构造几何模型,为后面顺利解决问题做好铺垫.
(二) 自主学习	通过查阅相关资料,总结常见几何模型.	鼓励学生提前预习,可以让学生听课更有效率,更有针对性,提前发现自己存在的知识盲点,学会在课堂上寻找答案.

（续表）

教学环节	教学内容	设计意图
（三） 合作探究	1. 如图，在△ABC中，AB=12，AC=8，AD是BC边上的中线，则AD的取值范围是_____． 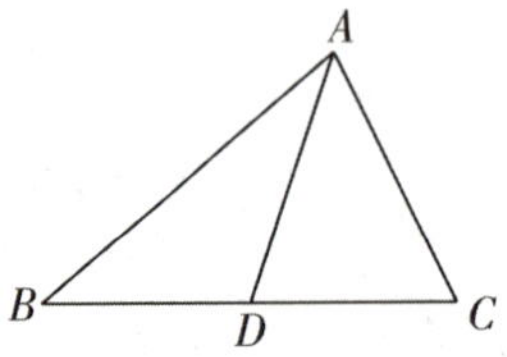 （图）	通过合作交流，让学生尝试从不同角度解答问题，探索三角形遇中线时如何构造辅助线，体会倍长中线法发挥的作用，利用"化离散为集中"思想，结合三角形三边关系，实现线段的迁移转化，从而解决问题．
（四） 典例剖析	2. 如图，在边长为4的等边三角形ABC中，D、E分别为AB、BC的中点，EF⊥AC于点F，G为EF的中点，连接DG，则DG的长为_____． 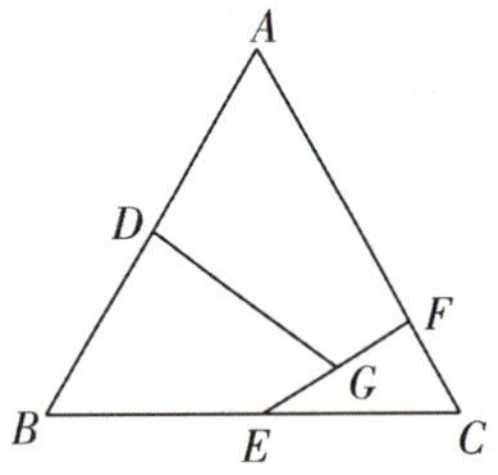 （图） 3. 如图，在△ABC中，点M为BC的中点，AD为△ABC的外角平分线，且AD⊥BD，若AB=12，AC=18．求DM的长． 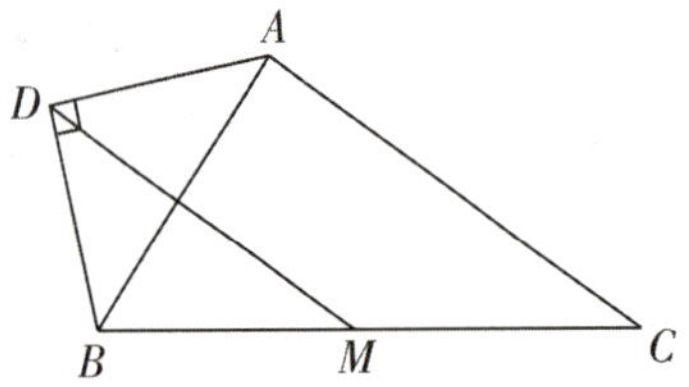 （图） **变式训练：**如图1，BD，CE分别是△ABC的外角平分线，过点A作AF⊥BD，AG⊥CE，垂足分别是点F，G，连接FG，延长AF、AG与直线BC相交． （1）求证：$FG=\frac{1}{2}(AB+BC+AC)$．	这组练习主要是考查三线合一和中位线的应用，通过实践得出"中点＋中点"，"角平分线＋垂直"该如何构造基本图形．在探索中得出规律，通过一题学会一类，并在变式训练中强化数学联想，通过动态几何问题，以变化的图形考查不变的构图方式．以不变应万变，逐步学会建立模型，应用模型．

教学环节	教学内容	设计意图
（四） 典例剖析	（2）若 *BD*、*CE* 分别是△*ABC* 的内角平分线（如图 2），*BD* 为△*ABC* 的内角平分线，*CE* 为△*ABC* 的外角平分线（如图 3），在图 2 和图 3 的情况下，线段 *FG* 与△*ABC* 三边又有什么关系呢？ 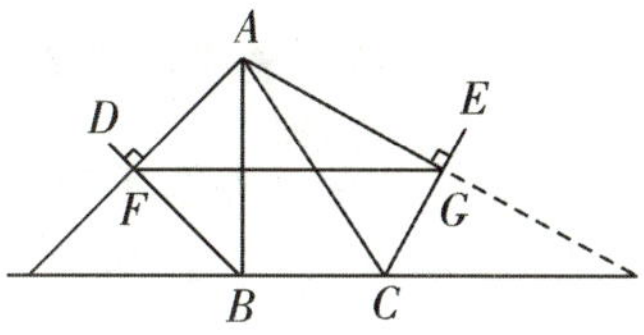 图 1 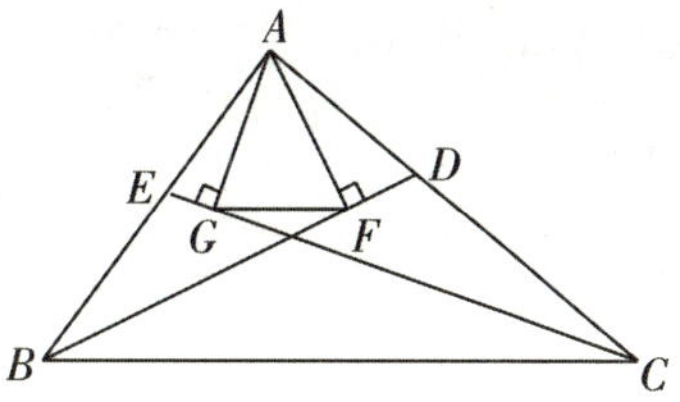　　　　　图 2 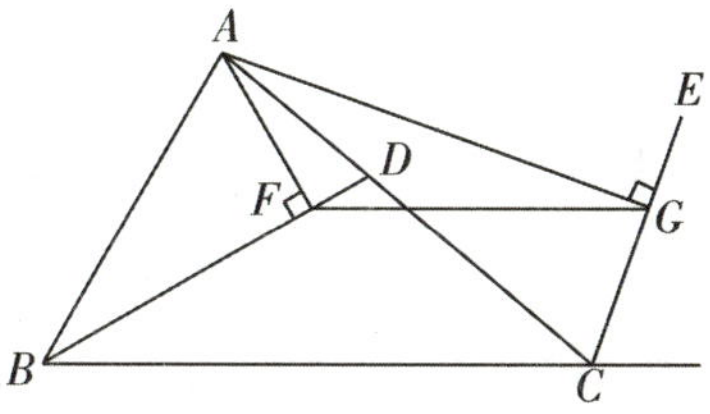 图 3	
（五） 拓展提升	**4.** 以△*ABC* 的 *AB*、*AC* 边为斜边向形外作 Rt△*ABD* 和 Rt△*ACE*，且使 ∠*ABD* = ∠*ACE*，*M* 是 *BC* 的中点，求证：*DM* = *EM*. 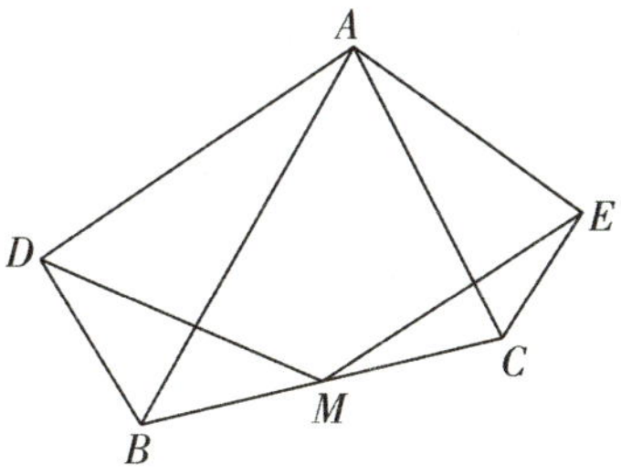 	本题综合性较强，要求学生有敏锐的观察力.出现直角三角形，联想到斜边上的中线，结合题目中原有的中点，又可以构造中位线.同时考查了中位线的性质，再通过全等实现线段的迁移转化，旨在提高学生举一反三的能力，将数学联想能力发挥到极致.
（六） 感悟小结	由中点想到了什么？	通过课堂小结回顾整堂课的内容，加强学生对知识点的内化，从而把握知识点的本质，同时呼应标题，让学生豁然开朗，收获成功的喜悦！

（续表）

教学环节	教学内容	设计意图
（七）教师寄语	没有目标的努力，犹如在黑暗中远征；有目标的联想，犹如黑暗中的明灯.	高度概括课堂内容，联想不仅是重要的，更是有方向的，根据不同条件，得出不一样的构造方式. 进一步升华到人生的目标，方向明确才能靠近港湾，漫无目的，终将迷失航向.

【教学反思】

　　本课例的知识综合性较强，对学生的思维能力和应用能力要求较高，主要涉及三角形中位线、三线合一、直角三角形斜边上的中线以及倍长中线法的考查，为九年级后续平行截割、垂径定理等关于中点的知识打下基础. 课堂设计的主旨是引导学生学会联想，总结与中点相关的基本图形，站在更高的角度去看待几何知识，探究图形变化的规律. 由于内容的综合性较强，教材上并无相关内容的具体总结，所以本课题以学生探究和教师总结为主要方式，通过层层递进的引导，总结出基本图形，并会在不同场景中学会应用. 对于九年级的学生，本课堂内容在思维上有一定的高度，但在课堂上的表现出乎意料，各种新颖的解题方式层出不穷，语言表达能力也可圈可点. 例题的选取比较具有代表性，对同类型的练习起到很好的启发作用. 课堂语言精简，尤其教师寄语颇有韵味，对于人生，对于解题，都有很好的启迪作用. 当然，本堂课的教学也有不完美的地方需要改进，比如课堂容量较大，教师讲解时间过多；课堂中难以取舍的例题，应作为课后练习去巩固提高，力争做到让每一位学生都得到充分发展.

案例33 一把金钥匙
——配方法

【教　　　材】湘教版数学九年级下册

【教学目标】

(1)理解配方法的本质,即恒等变形;

(2)培养学生用数学思维思考世界的能力,为学生提供运用配方法解决问题的平台;

(3)体会数学源于生活、高于生活,以及数学运用于实际的科学价值与文化价值.

【教学重点】配方法本质的理解与基本运用.

【教学难点】配方法的灵活运用.

【教学过程】

教学环节	教学内容	设计意图
(一) 情景导入	你会算吗? (1)求 $2x^2-4x+6$ 的最小值. (2)求 $-2x^2+4x-5$ 的最大值.	通过情境创设,引发学生学习的兴趣,同时激发学生的好奇心和求知欲,顺利引入新课.
(二) 自主学习	熟悉以下基本公式: 1. $(a\pm b)^2=a^2\pm 2ab+b^2$ 2. $a^2+b^2+c^2+2ab+2bc+2ac=(a+b+c)^2$ 3. $a^2+b^2+c^2\pm ab\pm bc\pm ca$ $=\dfrac{1}{2}\left[(a\pm b)^2+(b\pm c)^2+(c\pm a)^2\right]$ 4. $ax^2+bx+c=a\left(x+\dfrac{b}{2a}\right)^2+\dfrac{4ac-b^2}{4a}$	归纳总结常见的基本公式,理顺知识网络,为代数式的恒等变形打下坚实的基础.
(三) 合作探究	定义:把一个式子或式子的部分改写成完全平方式或者几个完全平方式的形式,这种解题方法叫作配方法. 　　配方法的作用:改变代数式的结构形式,挖掘隐含条件,揭示式子的非负性.它在代数式的化简、求值、因式分解、解方程、探寻最值,以及讨论不等关系等方面有着广泛的应用.	理解配方法的本质,掌握配方法的作用,配方法被誉为"敲开代数大门的一把金钥匙".

（续表）

教学环节	教学内容	设计意图
（四） 典例剖析	**A. 直接配方：** **例1** 已知 $a=1999x+2000$，$b=1999x+2001$，$c=1999x+2002$，求多项式 $a^2+b^2+c^2-ab-bc-ca$ 的值. **练1** 已知 a,b,c 满足：$a^2+2b=7$，$b^2-2c=-1$，$c^2-6a=-17$，求 $a+b+c$ 的值. **B. 重组配方：** **例2** 已知 a,b,c,d 均为正数，且满足 $a^4+b^4+c^4+d^4=4abcd$，求证：以 a,b,c,d 为边的凸四边形是菱形. **练2** 已知 a,b,c 为 $\triangle ABC$ 的三边，且满足 $a^4+b^4+\dfrac{1}{2}c^4=a^2c^2+b^2c^2$，试确定 $\triangle ABC$ 的形状. **C. 主元配方：** **例3** 设 a,b 为实数，求 a^2+ab+b^2-a-2b 的最小值. **练3** 若 x,y 是实数，且 $m=x^2-4xy+6y^2-4x-4y$，试确定 m 最小值. **D. 二次配方：** **例4** 计算： $$\sqrt{1+\frac{1}{1^2}+\frac{1}{2^2}}+\sqrt{1+\frac{1}{2^2}+\frac{1}{3^2}}+\sqrt{1+\frac{1}{3^2}+\frac{1}{4^2}}+\cdots$$ $$+\sqrt{1+\frac{1}{99^2}+\frac{1}{100^2}}$$ **练4** （1）求证：$\sqrt{a^2+\dfrac{1}{b^2}+\dfrac{a^2}{(ab+1)^2}}=\left|a+\dfrac{1}{b}-\dfrac{a}{ab+1}\right|$； （2）计算：$\sqrt{1+1999^2+\dfrac{1999^2}{2000^2}}-\dfrac{1}{2000}$.	通过四组例题的训练和讲解，掌握配方法的变形要领，并通过一例一练的模式进行针对性的强化，达到消化知识的目的.

(续表)

教学环节	教学内容	设计意图
（五）拓展提升	1. 若 $a+b-2\sqrt{a-1}-4\sqrt{b-2}=3\sqrt{c-3}-\dfrac{1}{2}c-5$，求 $a+b+c$ 的值. 2. 已知 x,y,z 为实数，且满足 $\begin{cases}x+2y-z=6\\x-y+2z=3\end{cases}$，求 $x^2+y^2+z^2$ 的最小值. 3. 已知 a,b,c 是 $\triangle ABC$ 的三边长，且满足：$\dfrac{2a^2}{1+a^2}=b,\dfrac{2b^2}{1+b^2}=c,\dfrac{2c^2}{1+c^2}=a$，求 $\triangle ABC$ 的面积. 4. 设 x、y 为实数，求代数式 $5x^2+4y^2-8xy+2x+4$ 的最小值.	考查学生的实战能力，了解学生对本堂课知识的掌握程度.
（六）感悟小结	1. 你有什么收获想和大家说？ 2. 你有什么困惑想和老师说？	倾听学生的心声，帮助学生进行知识的总结和感悟.
（七）教师寄语	拥抱变化，赢得未来！	升华本节课的数学知识，实现课堂教育价值的最大化.

【教学反思】

配方法是代数式恒等变形的重要手段，功能强，应用广，被誉为敲开代数大门的金钥匙. 为了让学生系统地掌握该知识，本课例做了一些有益的尝试，主要有以下几个亮点：

1. 注重知识的系统性. 本课题采用专题的方式对配方法进行了系统的阐述，从知识归纳、典例剖析、拓展升华环环相扣，由浅入深，层层递进，富有逻辑感.

2. 选取例题具有代表性，尤其是采用一例一练的方式，极为科学合理，便于学生很好地消化知识，掌握相应的解题技巧.

3. 在抽象的数学知识学习中，巧妙地融入人文元素，调动了学生学习的积极性，尤其是后面的教师寄语，让人心潮澎湃，热血沸腾.

当然，在课堂实际操作过程中，还存在需要改进的地方，如对难度的把握、要多倾听学生的解题感受、小组合作的力度要加强等.

案例34 火眼金睛识模型
——圆综合题

【教　　　材】湘教版数学九年级下册

【教学目标】

(1)掌握与圆有关的重要知识,解决中考中出现的与圆有关的综合题,掌握与圆有关综合题的解法.

(2)独立探究,合作交流,得出解决与圆有关的综合题的方法.

(3)通过探究,使学生进一步掌握此类问题的解法,增强学习兴趣.通过合作交流,进一步培养学生之间、师生之间的合作精神和团队意识,增进师生之间的情谊.

【教学重点】掌握与圆有关综合题的基本知识和解题思路.

【教学难点】能准确地找到相应的几何模型.

【教学过程】

教学环节	教学内容	设计意图
(一) 知识归纳	**一、直线形中的比例线段** 1. 平行线：A 型、X 型 2. 子母型 3. 射影型 4. 一线三等角型 **二、圆中的比例线段** 1. 相交弦定理 2. 切割线定理 3. 割线定理 **三、平面几何中的小精灵** 1. 三角形的外角 2. 圆中的直径 3. 圆内接四边形 4. 同弧所对的圆周角	通过知识归纳,激发学生学习的兴趣,消除畏难情绪,顺利引入本课.

（续表）

教学环节	教学内容	设计意图
（二） 自主学习	重要模型 (1)射影型 如图,AB 为直径,CD $\perp AB$. 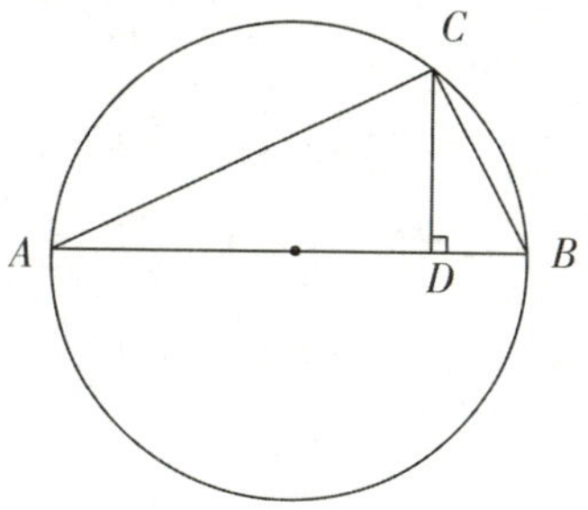 　结论:$AC^2 = AD \cdot AB$; 　　$BC^2 = BD \cdot BA$; 　　$CD^2 = AD \cdot BD$; 　　$AC \cdot BC = AB \cdot CD$. (2)子母型 如图,若$\angle ABD = \angle C$. 结论:$\triangle ABD \backsim \triangle ACB$; 　　$AB^2 = AD \cdot AC$ 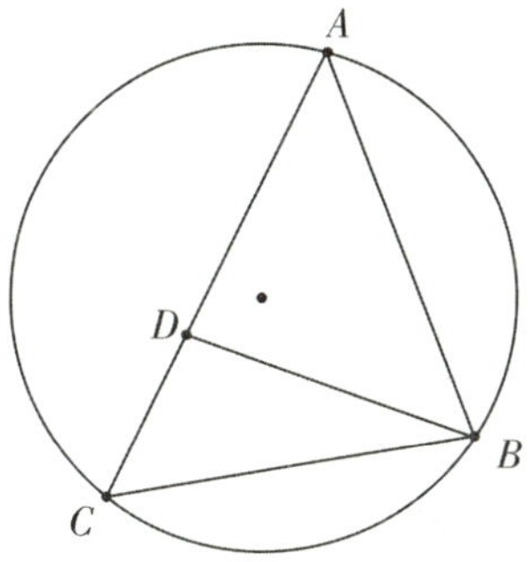 	让学生先自己归纳,再小组交流点评,为后面的进一步合作探究学习做好铺垫.
（三） 合作探究	有关圆的综合题解答技巧: ①贵在读题: 　直接结论、间接结论、隐含条件(对顶角、邻补角、三角形的外角、同弧所对的圆周角、圆内接四边形等). ②重在识图: 　基本图(A 型、X 型、子母型、K 型、射影型等); 　基本模型(手拉手、一线三等角、半角、将军饮马、胡不归、阿氏圆等). ③妙在转化: 　化离散为集中(截长补短、中线倍长、平移、轴反射、旋转等).	理顺解题思路,总结归纳解答技巧,这样可以增强解题的方向感.

（续表）

教学环节	教学内容	设计意图
（四） 典例剖析	**例1** 如图，点 C 在以 AB 为直径的 $\odot O$ 上，BD 平分 $\angle ABC$ 交 $\odot O$ 于点 D，过 D 作 BC 的垂线，垂足为 E. （1）求证：DE 与 $\odot O$ 相切； （2）若 $AB=5$，$BE=4$，求 BD 的长； （3）请用线段 AB、BE 表示 CE 的长，并说明理由. 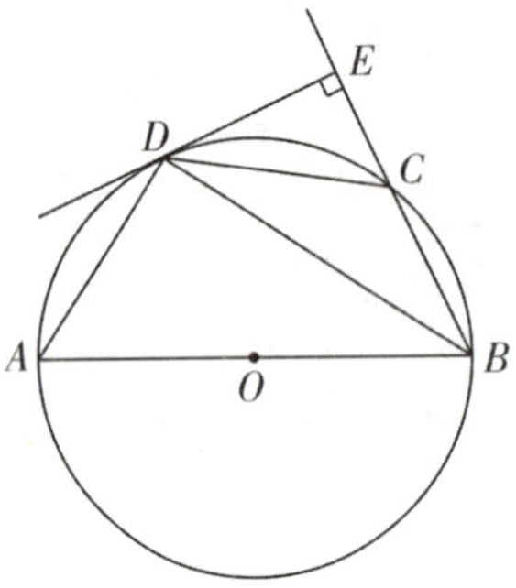 **例2** 如图，$Rt\triangle ABF$ 中，$\angle ABF=90°$，以直角边 AB 为直径作 $\odot O$ 交 AF 于点 D，点 C 在 $\odot O$ 上，且点 C 是弧 BC 的中点，弦 CD 交 AB 于点 E，取 BF 的中点 G，连接 DG 与 AB 的延长线交于点 H. （1）求证：DH 是 $\odot O$ 的切线； （2）求证：$AD \cdot AF = 2CE \cdot CD$； （3）已知 $DE = \dfrac{4}{5}\sqrt{10}$，$OE:BE=1:2$，求 $\odot O$ 的半径. 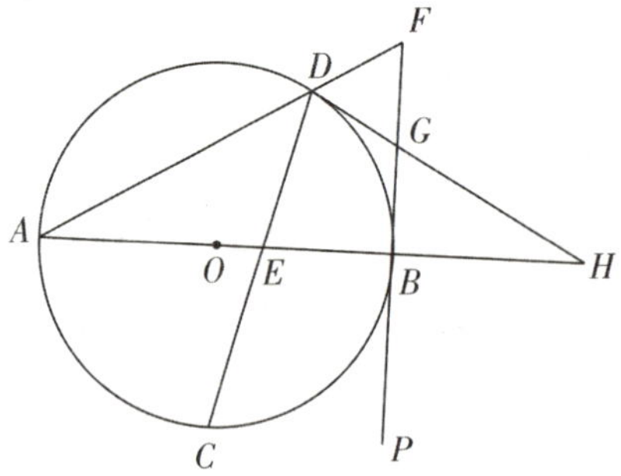	通过两道例题的训练和讲解，融合重要知识点，掌握基本思路，为问题的解决打下坚实的基础.
（五） 感悟小结	引导学生从知识、方法、思想等方面谈谈本节课的收获与体会.	在学生充分发表自己意见的基础上，教师引导学生归纳得出解答有关圆的综合题的技巧.

（续表）

教学环节	教学内容	设计意图
（六） 拓展提升	如图,AB 为⊙O 的直径,点 C 为圆外一点,连接 AC、BC,分别与⊙O 相交于点 D、点 E,且点 D 是弧 AE 的中点,过点 D 作 $DF \perp BC$ 于点 F,连接 BD、DE、AE. (1)求证:DF 是⊙O 的切线; (2)试判断△DEC 的形状,并说明理由; (3)若⊙O 的半径为 5,$AC = 12$,求 $\sin \angle EAB$ 的值. 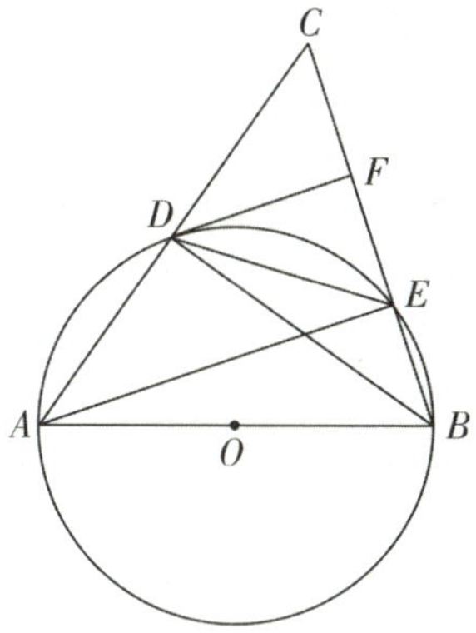 	通过本题的训练,趁热打铁,考查学生的实战能力.
（七） 教师寄语	奋斗的青春最美丽!	升华本节课的数学知识,激励学生的斗志,实现课堂教育价值的最大化.

【教学反思】

　　有关圆的综合题是平面几何中的一个难点,又是中考压轴题的常见题型,为了帮助学生系统地消化该知识,增强解题信心,理顺解题思路,特此,我们推出了本课例.本课题有以下几大亮点:

　　1. 注重知识的融合.通过自主归纳和合作探究,把与圆有关的知识系统梳理,总结出相应的几何模型,并介绍一些常见的解题技巧,让学生轻轻松松地掌握关键点.

　　2. 例题选取经典.两个例题都是某省市中考试题,所考查的知识和技能具有代表性,学生容易上手,增强了学生解题信心.

　　3. 坚持以人为本.课堂中采取的是小组合作学习方式,充分调动了学生的自主学习积极性,给予了学生足够的交流和表达机会.尤其是教师寄语,道出了教师的殷切期望,勉励学生不畏艰难,奋发向上.

　　当然,本课例在具体实践过程中,也还存在需要改进的地方,如节奏的把握、思路的导引、板书的规范等.

案例35 因是同根生 分割故太急
——二次函数：三角形面积问题

【教　　材】湘教版数学九年级下册

【教学目标】

（1）理解水平宽与铅垂高的定义，能够用铅垂法求三角形的面积．

（2）经历探究铅垂法公式的过程，培养学生合作交流的能力．

（3）通过问题的解决，让学生感受学习的乐趣．潜移默化地进行人文教育，培养学生良好的品质．

【教学重点】理解水平宽与铅垂高的定义，能够用铅垂法求三角形的面积．

【教学难点】在不同情境中灵活运用铅垂法．

【教学过程】

教学环节	教学内容	设计意图
（一）情景导入	**剖析娄底市近几年的中考压轴题，观察其特点：** 1.（2015年）如图，抛物线 $y = ax^2 + bx - \dfrac{5}{3}$ 经过点 $A(1,0)$ 和点 $B(5,0)$，与 y 轴交于点 C． （1）求此抛物线的解析式； （2）以点 A 为圆心，作与直线 BC 相切的⊙A，求⊙A 的半径； （3）在直线 BC 上方的抛物线上任取一点 P，连接 PB，PC，请问：$\triangle PBC$ 的面积是否存在最大值？若存在，求出这个最大值的此时点 P 的坐标；若不存在，请说明理由． 	展示娄底市近年中考压轴题，激发学生求知欲．学生归纳题型特点，引出新知．

（续表）

教学环节	教学内容	设计意图
（一） 情景导入	**2.**（2018年）如图,抛物线 $y=ax^2+bx+c$ 与两坐标轴相交于点 $A(-1,0)$、$B(3,0)$、$C(0,3)$,D 是抛物线的顶点,E 是线段 AB 的中点. （1）求抛物线的解析式,并写出 D 点的坐标; （2）$F(x,y)$ 是抛物线上的动点: ①当 $x>1$,$y>0$ 时,求△BDF 的面积的最大值; ②当 $\angle AEF=\angle DBE$ 时,求点 F 的坐标. 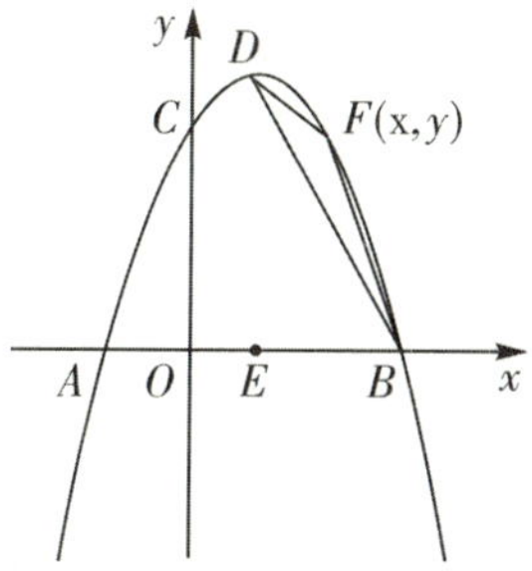 **3.**（2019年）如图,抛物线 $y=ax^2+bx+c$ 与 x 轴交于点 $A(-1,0)$,点 $B(3,0)$,与 y 轴交于点 C,且过点 $D(2,-3)$.点 P、Q 是抛物线 $y=ax^2+bx+c$ 上的动点. （1）求抛物线的解析式; （2）当点 P 在直线 OD 下方时,求△POD 面积的最大值. （3）直线 OQ 与线段 BC 相交于点 E,当△OBE 与△ABC 相似时,求点 Q 的坐标. 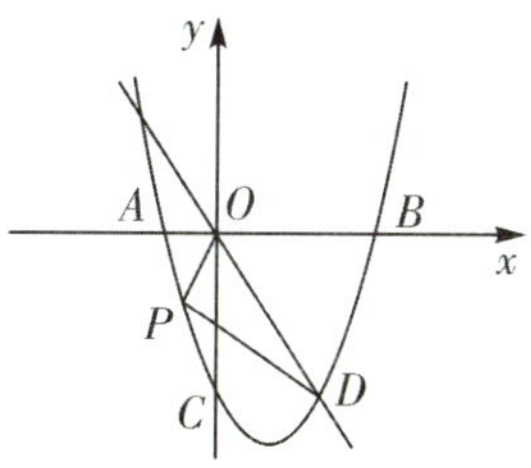 图1 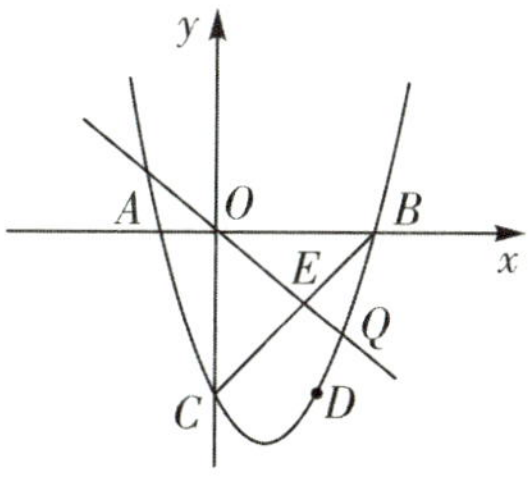　　　　图2 **4.**（2020年）如图,抛物线经过点 $A(-3,0)$、$B(1,0)$、$C(0,3)$. （1）求抛物线的解析式; （2）点 $P(m,n)$ 是抛物线上的动点,当 $-3<m<0$ 时,试确定 m 的值,使得△PAC 的面积最大;	

（续表）

教学环节	教学内容	设计意图
（一） 情景导入	（3）抛物线上是否存在不同于点 B 的点 D，满足 $DA^2 - DC^2 = 6$，若存在，请求出点 D 的坐标；若不存在，请说明理由. 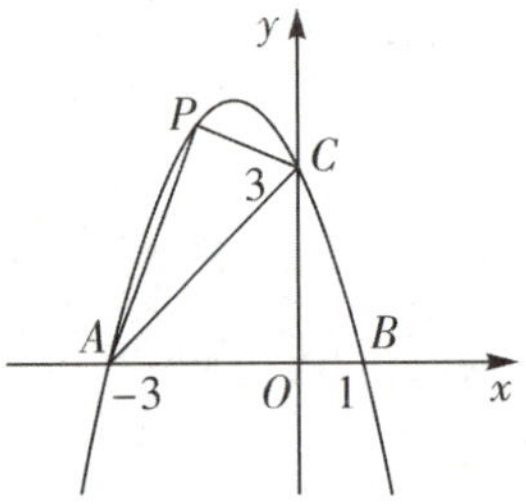 学生观察四道压轴题的特点，教师强调在二次函数中求三角形面积是重头戏.	
（二） 自主学习	如图，已知 $\triangle ABC$ 各顶点坐标，求三角形 ABC 的面积. 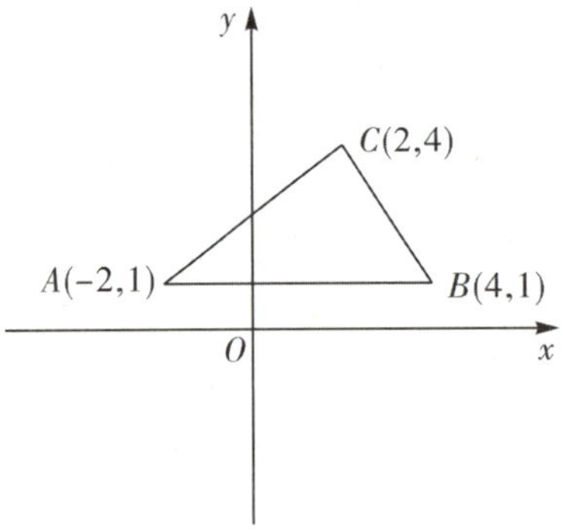 学生根据已有知识求三角形面积，教师讲解怎样将坐标转化为边的长度.	学生独立思考，了解点的坐标与线段的联系，为后续学习新知打下基础.
（三） 合作探究	在平面直角坐标系中，已知 $A(1,1)$、$B(7,3)$、$C(4,7)$，求 $\triangle ABC$ 的面积. 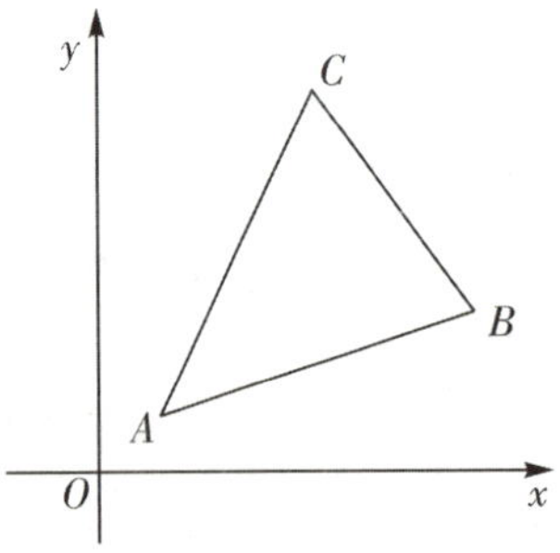 **方法归纳：** A、B 两点之间的水平距离称为"水平宽"；	

（续表）

教学环节	教学内容	设计意图
（三） 合作探究	过点 C 作 x 轴的垂线与交 AB 于点 D,线段 CD 即为 AB 边的"铅垂高". $$S_{\triangle ABC}=\frac{1}{2}CD(x_B-x_A)=\frac{水平宽\times铅垂高}{2}$$ 学生分小组讨论,教师适当引导,师生共同归纳水平宽和铅垂高的定义.	提高难度,发散学生思维.通过小组合作,培养学生协作、沟通能力.
（四） 典例剖析	**例 1**　已知 $\triangle ABC$ 如图所示,点 $A(2,3)$、$B(5,4)$、$C(8,1)$,求 $\triangle ABC$ 的面积. 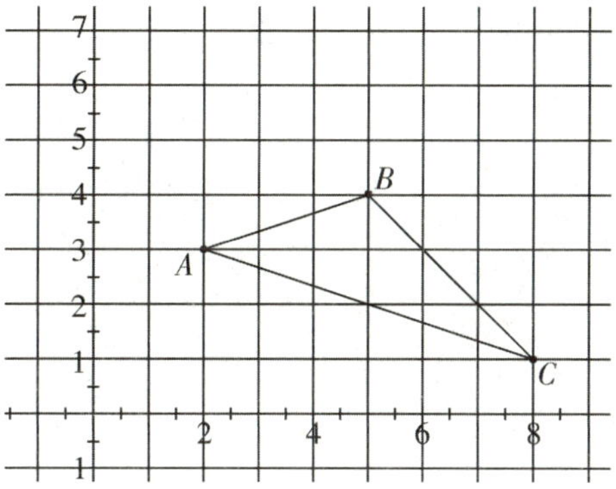 鼓励学生多角度思考.	通过例题训练,培养学生一题多解的能力,提高学习兴趣,感受数学的乐趣.
（五） 拓展提升	**例 2**　如图,抛物线 $y=ax^2+bx+c$ 与 x 轴交于 $A(-1,0)$,$B(3,0)$ 两点,与 y 轴交于点 $C(0,3)$,直线经过 B,C 两点. (1)设问一:点 D 是抛物线的顶点,连接 CD、BD,求 $\triangle BCD$ 的面积. 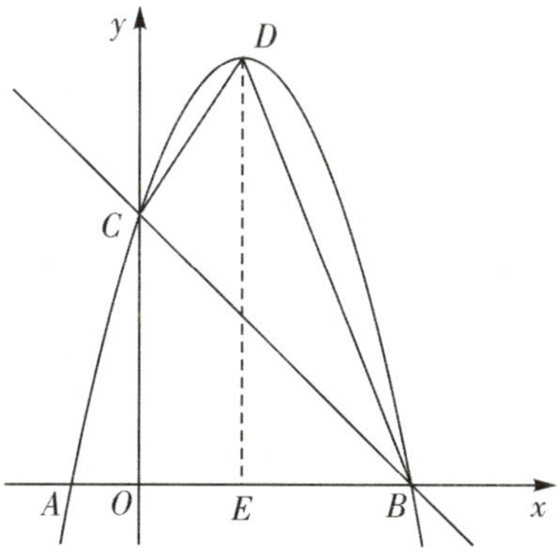 (2)设问二:点 D 是抛物线上一动点,且在直线 BC 的上方,连接 CD,BD,求 $\triangle BCD$ 面积的最大值.	

（续表）

教学环节	教学内容	设计意图
（五） 拓展提升	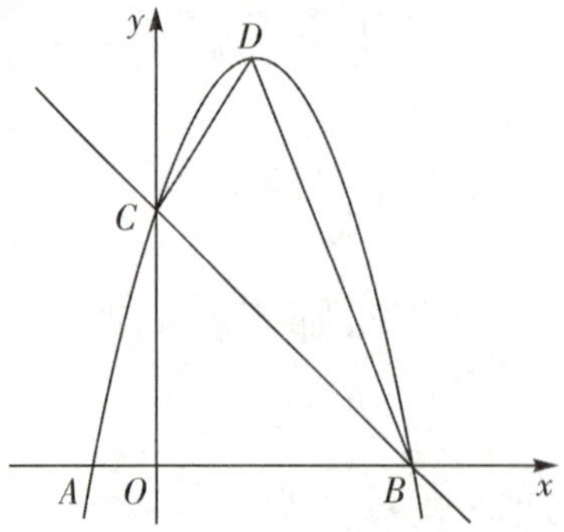 （3）设问三：直线 DE 是抛物线的对称轴，点 P 在对称轴右侧的抛物线上运动且点 P 在 x 轴上方，求 $\triangle CPE$ 面积的最大值. 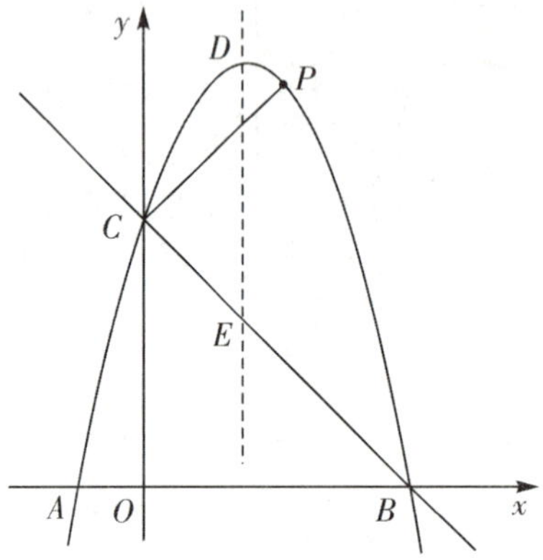 学生独立完成设问一与设问二，小组合作完成设问三.	有梯度设置习题，让不同基础的学生都能参与进来. 拔高难点，激发学生挑战欲，提高学习积极性.
（六） 感悟小结	谈谈本节课你有什么收获. 教师适当引导，学生畅所欲言谈谈本节课的收获与感悟.	回顾本节课内容，梳理知识点，建立新知与已有知识的联系. 培养学生的归纳和表达能力.
（七） 教师寄语	当我们面对困境时，换个角度，换种态度，或许会豁然开朗.	教师寄语是对本堂课的感悟，教育学生面对困境时，学会从不同角度看待问题，寻找不同的解决办法.

【教学反思】

本课例是一堂计算二次函数中有关三角形面积的专题课，是中考的一个难点，在学习中让许多学生望而生畏. 本堂课从易到难，层层递进，巧妙化解难点，学生收获满满. 在教学中有以

下亮点:

1. 由点到面,分析透彻. 本堂课只抓住一个点,求三角形的面积. 教学中由易到难展示不同题型,讲解不同的方法,开阔学生的视野,发散学生思维.

2. 梯度设计,突破难点. 教学中在拓展提升环节花费较多时间,帮助学生巩固铅垂法. 通过设置一题多变,层层递进,巧妙地突破难点.

3. 人文渗透,丰富课堂. 主标题非常具有趣味性,强调铅垂法就是由分割法得来. 教师寄语教育学生面对困境,思维不能一成不变,换个角度会有不同的发现.

教学中同样存在一些不足,例如:对铅垂高和水平宽等概念的理解不够透彻;拓展部分难度较大,基础薄弱的学生跟不上节奏.

案例36 **隐形的翅膀**
——二次函数：特殊三角形的存在性问题

【教　　　材】湘教版数学九年级下册

【教学目标】

(1)学会抓住运动轨迹,以静制动,利用分类讨论思想探究的方法.

(2)掌握数形结合的思想,熟练运用代数法和几何法解决动态几何问题.

(3)强调规范书写答题过程,感悟数学的严谨.

【教学重点】两圆一线求解等腰三角形；两线一圆求解直角三角形.

【教学难点】分类讨论构造基本图形解决问题.

【教学过程】

教学环节	教学内容	设计意图
(一) 情景导入	**类型一：探究等腰三角形的存在性** 　　**例1**　平面直角坐标系中,已知 $A(0,\sqrt{3})$, $B(1,0)$,点 C 是坐标轴上的点,并且 $\triangle ABC$ 为等腰三角形,请求出满足要求的所有点 C 的坐标. 　　**分析**：因为没有指明等腰三角形的哪两条边相等,因此,此类问题要分三种情况进行分类讨论： ①令 $CA=CB$； ②令 $AB=AC$； ③令 $BA=BC$.	通过一道中考压轴改编题,解决平面直角坐标系中等腰三角形的存在性问题,引发学生学习的兴趣,同时激发学生的好奇心和求知欲,顺利引入新课.
(二) 自主学习	学生根据在网上或图书上查阅的相关资料,初步总结特殊三角形的存在性问题的解决方法.	让学生提前明确本节课的学习任务,有的放矢激发探究的欲望.
(三) 合作探究	**例2**　平面直角坐标系中,已知 $A(1,0)$, $B(5,0)$,点 C 是直线 $y=x-2$ 上的点,并且 $\triangle ABC$ 为等腰三角形,请求出满足要求的所有点 C 的坐标.	通过合作探究,老师巡视指导,与学生共同归纳求解方法,发挥教师的主导作用,培养学生的抽象概括能力.

教学环节	教学内容	设计意图
(四) 典例剖析	**例3**　如图,在平面直角坐标系中,二次函数 $y=ax^2+bx+c$ 交 x 轴于点 $A(-4,0)$,$B(2,0)$,交 y 轴于点 $C(0,6)$,在 y 轴上有一点 $E(0,-2)$,连接 AE.抛物线对称轴上是否存在点 P,使△AEP 为等腰三角形? 若存在,请直接写出所有 P 点的坐标;若不存在请说明理由. 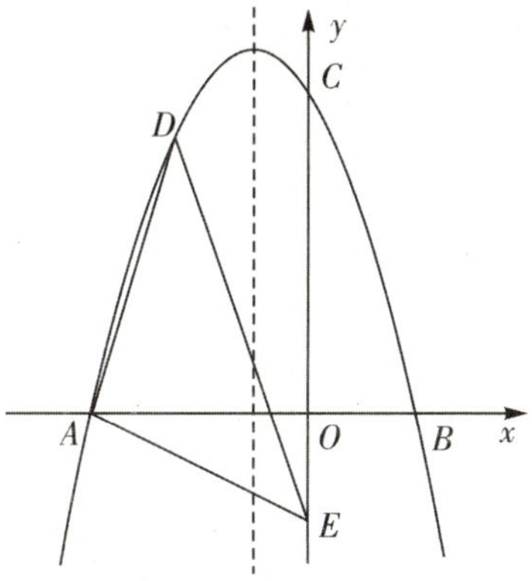 **例4**　如图:抛物线 $y=\dfrac{1}{3}x^2+bx+c$ 与 x 轴交于 $A(-3,0)$,$B(4,0)$ 两点,与 y 轴交于点 C,连接 AC、BC,点 M 是抛物线在第四象限内的一个动点,过点 M 作 $MN\perp BC$ 于点 N,点 M 的横坐标为 m.试探究在点 M 的运动过程中,是否存在点 N,使得△ACN 是等腰三角形? 若存在,求点 N 的坐标;若不存在,请说明理由. 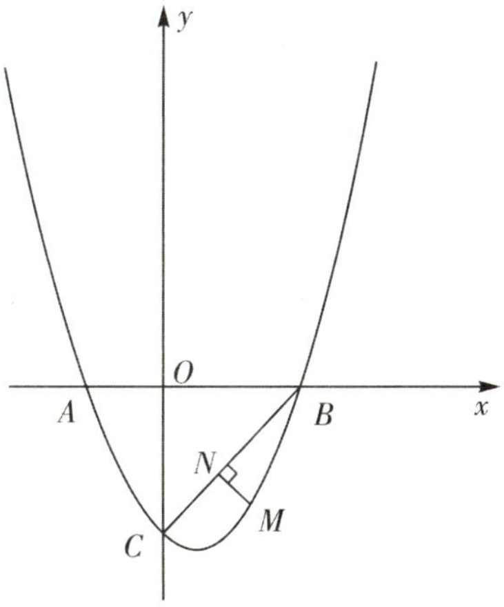 	通过典例的剖析,反馈教学,内化知识,达到巩固提高、举一反三的目的,进一步渗透模型思想.

（续表）

教学环节	教学内容	设计意图

（五）
拓展提升
	类型二：探究直角三角形的存在性
	
	例5 平面直角坐标系中，已知 $A(0,\sqrt{3})$，$B(1,0)$，点 C 是坐标轴上的点，并且 $\triangle ABC$ 为直角三角形，请求出满足要求的所有点 C 的坐标.
	
	分析：因为没有指明直角三角形的哪个角是直角，因此，此类问题要分三种情况进行分类讨论：
	    ①以 C 为直角顶点；
	    ②以 A 为直角顶点；
	    ③以 B 为直角顶点.
	
	例6 平面直角坐标系中，已知 $A(1,0)$，$B(5,0)$，点 C 是直线 $y=x-2$ 的上点，并且 $\triangle ABC$ 为直角三角形，请求出满足要求的所有点 C 的坐标.
	
	例7 如图，已知抛物线 $y=ax^2+bx+c(a\neq0)$ 的对称轴为直线 $x=-1$，且抛物线与 x 轴交于 A，B 两点，与 y 轴交于 C 点，其中 $A(1,0)$，$C(0,3)$. 设点 P 为抛物线的对称轴 $x=-1$ 上的一个动点，求使 $\triangle BPC$ 为直角三角形的点 P 坐标. 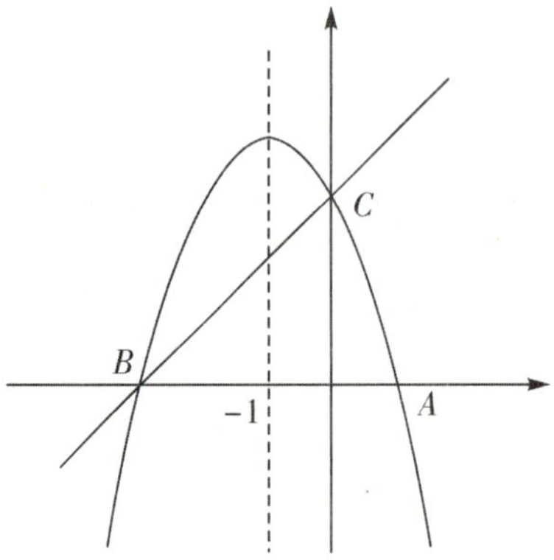
	
		探究直角三角形存在性问题采用类比教学法，按等腰三角形存在性问题的模式进行教学，通俗易懂，使学生容易接受.
		
		拓展提升，以巩固提高为目的，进一步渗透模型思想. 体现新课标提出的"让不同的学生在数学上得到不同发展"的教学理念.

（续表）

教学环节	教学内容	设计意图
（六） 感悟小结	这节课你收获了什么？并谈谈你对主标题的理解. 顺口溜： 两圆一线寻等边， 两线一圆探垂直； 两点距离融勾股， 相似模型建奇功.	通过学生对所学知识、方法等的回顾，进一步使学生优化认知结构，完善知识体系的过程，充分发挥学生的主体作用，让学生学会学习，学会思考.用顺口溜概括解题技巧，使学生印象深刻，记忆犹新.
（七） 教师寄语	激活潜能，让梦想振翅高飞.	解答中考压轴题尽管难度大，但在探究解题过程中，教师充满人文关怀，使课堂趣味横生.充满激励性的寄语让学生充满信心，体现了新课标教学要有人文精神的渗透，既能充分调动学生的学习积极性，又能有效提高学生的学习兴趣，真正打造出高效课堂.

【教学反思】

本课例内容主要是以二次函数为背景的特殊三角形存在性问题的解决技巧探究，采用的模式为探究式教学，从平面直角坐标系到一次函数，再到二次函数，由浅入深，层层递进，把课堂交给学生.通过交流探讨，教师引导，学生实施完成，归纳出一般方法，总结得到"两圆一线"和"两线一圆"的妙用.课堂渗透了一题多解、分类讨论、数形结合思想，为解题提供了坚实的理论基础.教师板书示范精美，语言精炼，以"隐形的翅膀"作为标题，将"圆"和"线"的作用巧妙涵盖，激发了学生的兴趣，尽管内容难度大，但充满人文关怀，教师充满激励性的寄语让学生充满信心.本堂课内容对学生几何想象能力要求极高，如果能结合几何画板教学，将有效降低学生的理解难度，提高课堂效率.同时，本堂课知识容量较大，实际教学中建议用两个课时完成.

案例37 "三三两两"聊存在
——二次函数：平行四边形的存在性问题

【教　　材】湘教版数学九年级下册

【教学目标】

（1）理解和掌握动点产生的平行四边形中所涉及的平行四边形、二次函数、方程等数学知识.

（2）经历动点产生的平行四边形作图过程，明确"动中求静"的解题策略.

（3）培养学生观察、思考、探究、归纳的良好思维习惯.

【教学重点】熟练进行分类讨论.

【教学难点】综合运用知识灵活解决问题.

【教学过程】

教学环节	教学内容	设计意图
（一） 情景导入	中考真题再现： 如图，抛物线 $y=ax^2+bx+c$ 与两坐标轴相交于点 $A(-1,0)$、$B(3,0)$、$C(0,3)$. 已知点 M 在抛物线上，点 N 在 x 轴上. （1）求抛物线的解析式； （2）求原点到直线 BC 的距离； （3）请问是否存在点 M、N 使得以 M、N、A、C 为顶点的四边形是平行四边形？若存在，求出点 N 的坐标；若不存在，试说明理由. 	纵观近几年各地中考，动态几何已成每年中考的热点问题，有关二次函数背景下动点产生的几何图形的存在性问题是中考高频题，而平行四边形存在性问题更是常考知识. 因为此类题的相关知识能很好地衔接高中解析几何，为高中学习打下坚实的基础.

（续表）

教学环节	教学内容	设计意图
（二） 自主学习	操作1:如图,已知,△ABC在平面内找点D,使以点A、B、C、D为顶点的四边形为平行四边形. 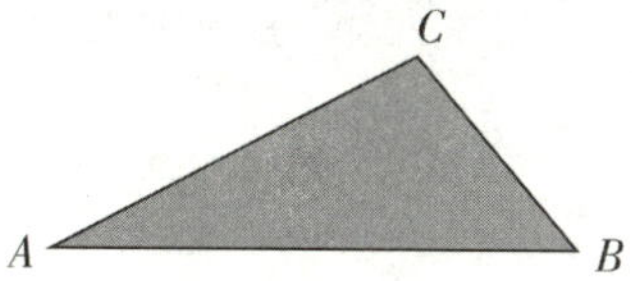 操作2:如图,已知线段AB,在平面内找点C、D,使以点A、B、C、D为顶点的四边形为平行四边形. 	通过学生自己画图操作找平行四边形,激发学生的学习热情,从而抽象概括出"三定一动"模型,为后面的学习做好准备. 此操作目的抽象概括为"两定两动"模型. 以上两种模型能为动点产生的平行四边形问题进行合理的分类讨论.
（三） 合作探究	如图所示,已知四边形ABCD为平行四边形,且A(0,3),B(-2,0),C(3,1),求点D的坐标. 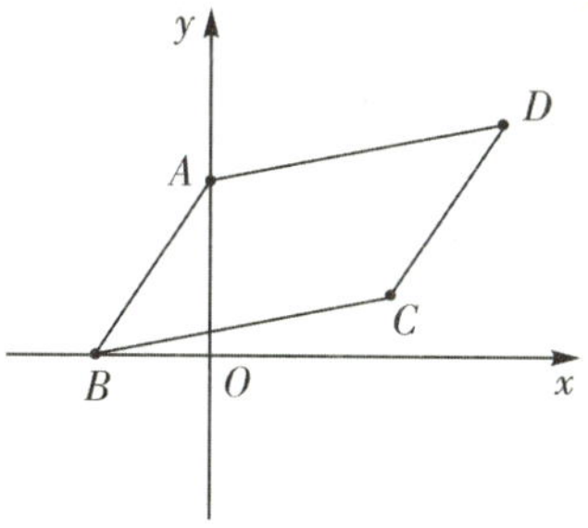	通过合作探究,老师巡视指导,结合平行四边形的性质,与学生共同归纳出求D点坐标的三种方法:平移法、全等法、对点法.发挥教师的主导作用,培养学生的抽象概括能力.为平行四边形存在性问题的坐标计算提供了科学的方法.
（四） 典例剖析	如图,抛物线$y=ax^2+bx+c$与两坐标轴相交于点A(-1,0),B(3,0),C(0,3).已知点M在抛物线上,点N在x轴上. （1）求抛物线的解析式; （2）求原点到直线BC的距离; （3）请问是否存在点M、N使得以M、N、A、C为顶点的四边形是平行四边形?若存在,求出点N的坐标;若不存在,试说明理由. 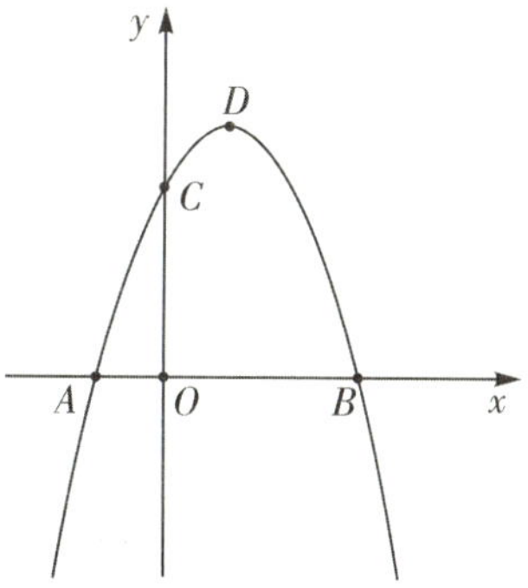	回归情境导入,解决具体问题.师生共同研究,分析题型,总结出平行四边形存在性问题的解决策略、相应规律.

（续表）

教学环节	教学内容	设计意图
（四）典例剖析	解决二次函数中平行四边形存在性问题的基本步骤： 1. 分类：考虑全面,不重复,不遗漏； 2. 定位：画出不同状态下的几何图形； 3. 计算：用平移法、全等法、对点法等方法求解. 顺口溜： 三定一动分三类, 两定两动开两枝. 借助平移来定位, 活用三法巧计算.	用顺口溜概括解题技巧,使学生印象深刻,记忆犹新.
（五）拓展提升	**例2** 如图,已知二次函数 $y=-x^2+bx+c$ 的图像交 x 轴于点 $A(-4,0)$ 和点 B,交 y 轴于点 $C(0,4)$. （1）求这个二次函数的表达式. （2）若点 P 在第二象限内的抛物线上,求四边形 $AOCP$ 面积的最大值和此时点 P 的坐标. （3）在平面直角坐标系内,是否存在点 Q,使 A,B,C,Q 四点构成平行四边形？ 若存在,直接写出点 Q 的坐标；若不存在,说明理由. 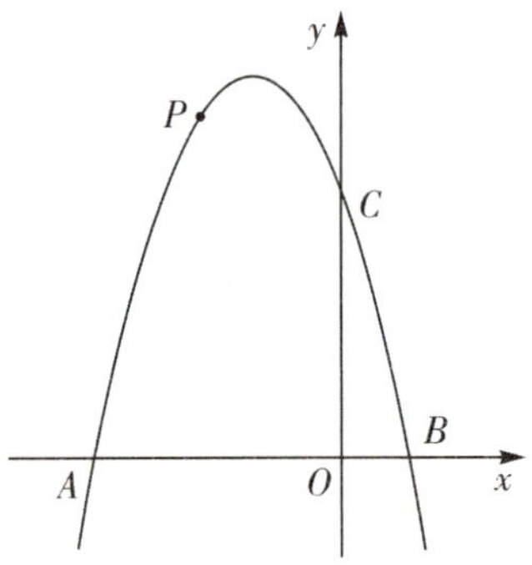 	通过拓展提升题的练习,灵活运用二次函数中平行四边形存在性问题的解题方法.
（六）感悟小结	解决二次函数中平行四边形存在性问题的基本步骤： 1. 分类：考虑全面,不重复,不遗漏； 2. 定位：画出不同状态下的几何图形； 3. 计算：用平移法、全等法、对点法等方法求解.	通过教师的补充和总结性归纳,学生能够有效完成知识梳理并形成自己的知识体系,并掌握了解决动点产生的平行四边形问题的策略.用顺口溜总结,更能让学生记忆犹新,流连忘返.

(续表)

教学环节	教学内容	设计意图
（七）教师寄语	没有任何难题能承受得住不懈的思考攻势.	对于中考压轴题,具有一定的综合性,确实有难度.但我们只要开动脑筋,找到解题策略,难题也会迎刃而解.

【教学反思】

本课例对教材挖掘比较透彻、有深度,同时特别注重人文关怀,无论从教学设计到教学实施,还是从师生活动到教学效果看,师生的表现都非常出色,充分体现了高品质课堂的教学原则,是一堂成功的复习专题课.具体体现在以下几个方面:

1. 从一个中考压轴真题的问题情境入手,激发学生对求知的渴望.纵观近几年各地中考,动态几何已成每年中考的热点问题,有关二次函数背景下动点产生的几何图形的存在性问题是中考必考题.此类题的相关知识又很好地衔接高中解析几何,为高中学习打下坚实的基础.

2. 尊重学生的主体地位,倡导多元化的数学学习方式.课堂上学生认真听讲,积极思考,以启发式、探究式、参与式等方式学习.教师给学生留有充足的时间去思考、去展示,最大限度地调动了学生的积极性.注重人文关怀,关注学生个体差异,让人人都获得有价值的数学.

3. 教师教学目标明确,思路清晰.本课通过学生自主学习,自己画图操作找平行四边形,抽象概括出"三定一动"模型、"两定两动"模型;再通过合作探究,与学生共同归纳出求坐标的三种方法——平移法、全等法、对点法;接着通过典例剖析,总结出平行四边形存在性问题的解决策略及相应规律.整个教学过程形如流水,一气呵成,充分体现了数学课堂的逻辑美,收到了很好的效果.

当然,本堂课也存在一些不足之处,例如,有关二次函数背景下动点产生的几何图形存在性问题,在中考中一般都是压轴题,知识的综合性很强,难度较大,所以实际教学中关注优生较多,忽略了潜能生的感受.建议课后对潜能生还要进行单独辅导,我们既要善于锦上添花,更要乐于雪中送炭.

案例38 不识庐山真面目 只缘身在此山中
——二次函数：相似三角形的存在性问题

【教　　材】湘教版数学九年级下册

【教学目标】

（1）初步掌握二次函数与相似三角形存在性问题的模型，会灵活运用模型解决问题.

（2）通过对模型的探究，培养学生观察分析、类比归纳的探究能力，加深对数形结合、分类讨论等数学思想的理解.

（3）通过主动探究、合作交流的学习方式，让学生感受探索的乐趣和成功的体验，感悟团队合作精神的重要性.

【教学重点】模型的探究及利用模型解决问题.

【教学难点】灵活利用模型解决问题.

【教学过程】

教学环节	教学内容	设计意图
（一）情景导入	用一张中考真题图片告知学生，本课要学习的内容是中考综合题的重要内容之一，直接引入本节课课题.	设计本堂课教学的目的首先可以激发学生的学习兴趣和求知欲望，又能引起学生的重视，且顺利引导学生进入学习情境.
（二）自主学习	学生在网上或图书上查阅抛物线与相似三角形存在性问题的相关资料. 出示学习目标：（1）掌握该专题的模型.（2）会灵活利用模型解决问题.	让学生提前明确本节课的学习任务，有的放矢激发探究的欲望.
（三）合作探究	**探究1**　如图，D 是△ABC 的边 AB 上的一定点，E 是 AC 上的一动点，请你添加一个条件，使△ABC 和△AED 相似，你添加的条件是（　　　）.（填一个条件即可）	

（续表）

教学环节	教学内容	设计意图
（三） 合作探究	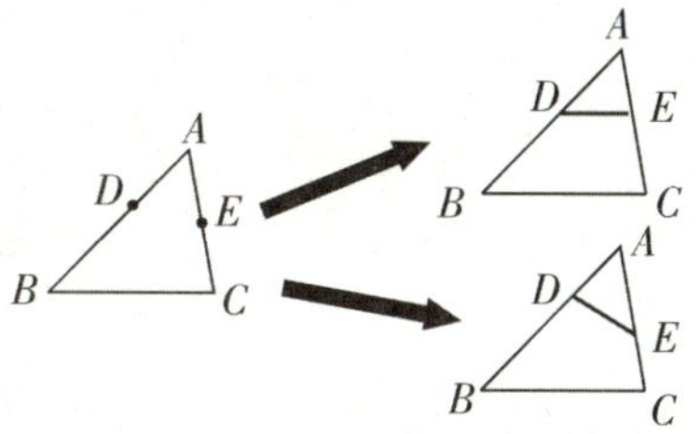 **探究 2**　如图,直角梯形 $ABCD$ 中,E 是 BC 上的一动点,使△ABE 与△ECD 相似,则 AB、BE、CE、CD 之间应满足的关系为(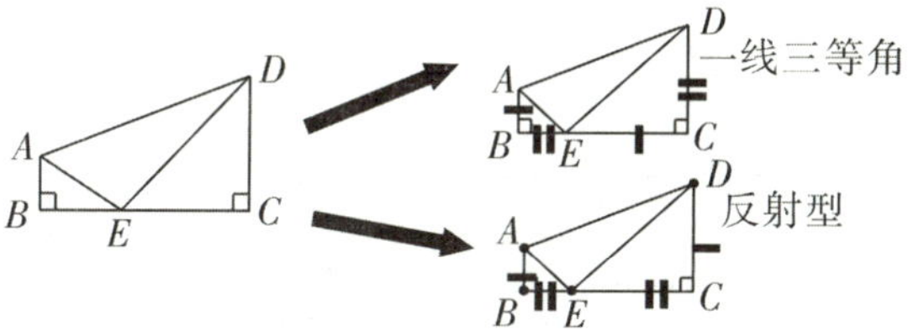　　　　　). 此类模型的解题三部曲: (1)探寻等角; (2)观察等角的夹边; (3)分类讨论列出比例式.	通过两个合作探究题的学习,引导学生对知识的理解层层深入,师生的交流互动,使课堂效益达到最佳状态;通过问题的设计,突出重点,突破难点;通过学生独立思考、小组合作交流,让学生自己探究知识,从被动学习到主动学习,再到自主学习,从接受知识到探究知识,确保学生主体作用得到充分发挥,培养了学生的合作意识,语言表达能力和抽象思维能力.
（四） 典例剖析	**例 1**　已知抛物线 $y=ax^2+bx+3$ 与 x 轴分别交于 $A(-3,0)$,$B(1,0)$ 两点,与 y 轴交于点 C. (1)求抛物线的表达式及顶点 D 的坐标; (2)点 F 是线段 AD 上一个动点.如图,以 A,F,O 为顶点的三角形是否与△ABC 相似? 若相似,求出点 F 的坐标;若不相似,请说明理由. 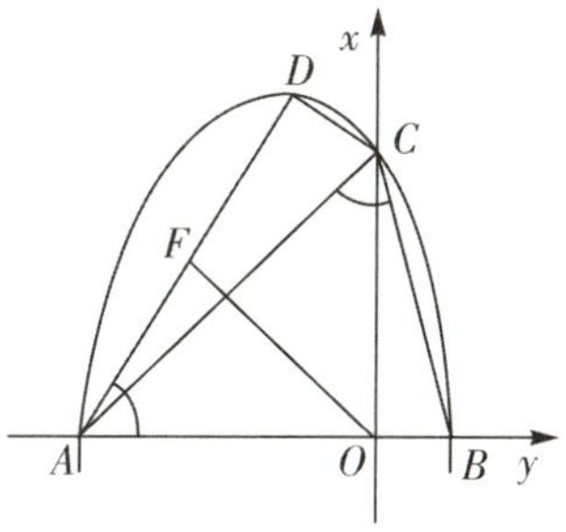 **思路:**先证∠$FAO=$∠ACB,再令夹边对应成比例,或考虑另一组角相等. **课堂小结:**顺口溜 寻点相似锁等角,	

（续表）

教学环节	教学内容	设计意图
（四）典例剖析	对应不明来分类； 直角若遇斜线段， 补出一线三等型. **例2** 如图，抛物线 $y=-\dfrac{3}{4}x^2+bx+c$ 与 x 轴交于 $A(-4,0)$，$B(1,0)$ 两点，与 y 轴交于点 C，点 D 为直线 AC 上方抛物线上的动点，$DE \perp AC$ 于点 E. （1）求抛物线解析式； （2）如图，连接 CD、BC，当 $\triangle BOC$ 与以 C、D、E 为顶点的三角形相似时，求点 D 的横坐标. 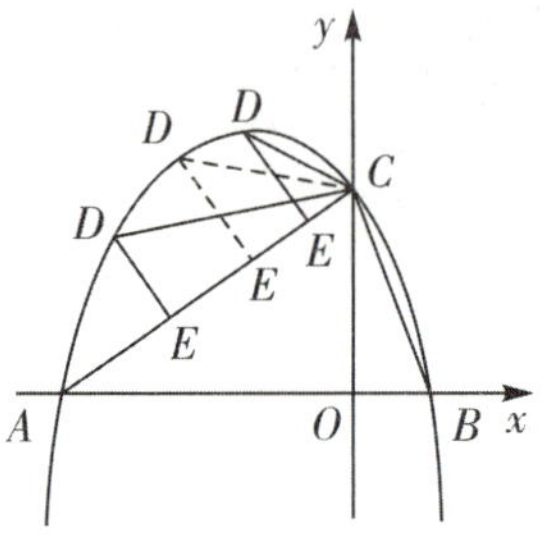 **思路**：化斜为直，构造一线三垂直.	让学生巩固所学的知识并学会用所学的模型进行推理和解决实际问题，将解题过程板书在黑板上，目的是规范学生的解题书写，起到示范引领作用. 用顺口溜总结，使学生看到模型解法的本质所在，且方便理解记忆.
（五）拓展提升	如图，$\triangle AOB$ 的三个顶点 A、O、B 分别落在抛物线 $y=\dfrac{1}{3}x^2+\dfrac{7}{3}x$ 上，点 A 的横坐标为 -4，点 B 的纵坐标为 -2.（点 A 在点 B 的左侧） （1）求点 A、B 的坐标； （2）将 $\triangle AOB$ 绕点 O 逆时针旋转 $90°$ 得到 $\triangle A'OB'$，抛物线 $y=ax^2+bx+4$ 经过 A'、B' 两点，延长 OB' 交抛物线于点 C，连接 $A'C$，在坐标轴上是否存在点 D，使得以 A、O、D 为顶点的三角形与 $\triangle OA'C$ 相似. 若存在，请求出点 D 的坐标；若不存在，请说明理由. 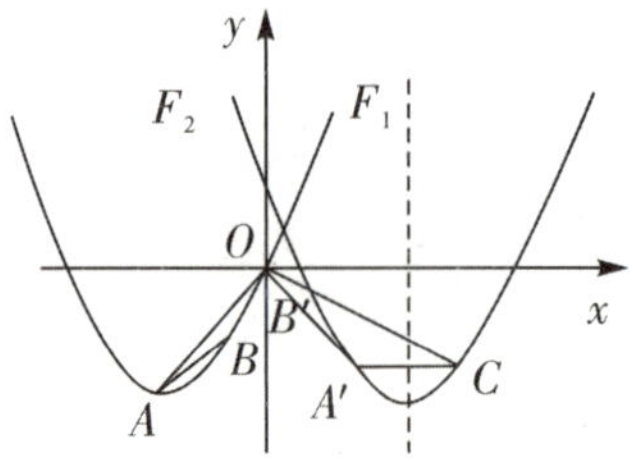 	反馈教学，内化知识，达到巩固提高的目的，进一步渗透模型思想. 从例题到练习题由浅入深，由易到难，各有侧重，体现新课标提出的让不同的学生在数学上得到不同发展的教学理念.

（续表）

教学环节	教学内容	设计意图
（六） 感悟小结	1. 你学习到了哪些知识？ 2. 你学到了哪些数学方法？ 3. 你还存在哪些困惑？ （数形结合，分类讨论）	学生对所学知识、方法的回顾，不仅是对知识的简单罗列，还是优化认知结构、完善知识体系的过程，可以让学生充分发挥主体作用，学会学习，学会思考.
（七） 教师寄语	不畏浮云遮望眼，自缘身在最高层.	掌握了正确的观点方法，认识达到了一定的高度，就能透过现象看到本质，就不会被事物的假象所迷惑. 教师寄语既提升学生解决数学难题的信心，又能达到以文化人的目的.

【教学反思】

本课例的主要内容是抛物线与动点产生的相似三角形的存在性问题. 本课堂教学设计是从探究的过程中获得解决问题的方法，从数学人文课堂"七环节"展开教学，本着从易到难，逐层深入的原则进行的. 主要亮点有：本课的教学坚持从学生实际出发，以学生为主体，注重对新理念的贯彻和教学方法的使用；在突破难点时，多种方法并用，强化学生能力的培养；坚持当堂训练，例题、练习的设计针对性强，重点突出，对方法的总结言简意赅；学生能够积极、主动地参与，充分经历了知识的形成、发展与应用的过程，掌握了知识形成的技能，发展了思维，教学效果很好. 不足之处有：做拓展提升训练题时，没有给予学生充分交流的机会. 课堂中教师信心不足，有点低估学生，应该多给学生一些展示机会，这样学生才会给我们一个又一个惊喜.

案例39 "胡不归"问题
——求加权线段和的最小值

【教　　　材】湘教版数学九年级下册

【教学目标】

(1)理解和掌握"胡不归"问题求加权线段和的最值中所涉及的垂线段最短、解直角三角形等数学知识.

(2)经历"胡不归"作角、作垂线过程,明确转化思想的解题策略.

(3)培养学生观察、思考、探究、归纳的良好思维习惯.

【教学重点】"胡不归"的情景再现,模型识别;解"胡不归"问题的基本步骤.

【教学难点】"胡不归"问题的本质,即"两定一动"型系数不为1的最值问题处理.

【教学过程】

教学环节	教学内容	设计意图
(一) 情景导入	有一则历史故事说的是:一个身在 A 地的小伙子,得知 B 地的父亲病危的消息后便日夜赶路回家.为了尽快到家,小伙子选择了全是沙地的直线路程 AB.当他气喘吁吁地来到父亲面前时,老人刚刚咽气了.人们告诉他,老人弥留之际,嘴上一直念叨着:"胡不归?胡不归?" 　　小伙子只想走近路,哪知道这个路真的是很难走的呢!后悔作出错误判断.这故事留给了后人数学上的思考,那就是如何去走,才能最快到家.本堂课我们来学习讨论这个问题. 　　路线一:$A{\rightarrow}B$ 　　路线二:$A{\rightarrow}P{\rightarrow}B$ 　　(P 点应选在何处?) 	以孩子们感兴趣的历史故事进入新课的学习,不仅活跃课堂气氛,激发学生学习兴趣,加深对本课内容的理解和印象.在点燃学生求知欲的同时巧妙地导入新课.

（续表）

教学环节	教学内容	设计意图
（二） 自主学习	**1.** 如图,在 Rt△ABC 中,∠ACB = 90°, (1) 若 ∠A = 30°,则 sin30° = _____ ,BC = _____ AB. (2) 若 ∠A = 45°,则 sin45° = _____ ,BC = _____ AB. (3) 若 ∠A = α,则 BC = sinα AB. 其中 0 < sinα < 1 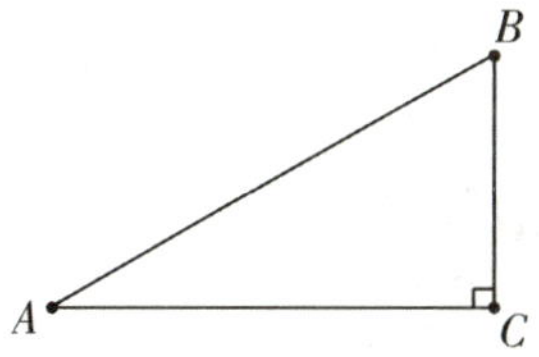 **2.** 如图,将军骑马从城堡 A 到城堡 B,途中马要到河边选一点 C 饮水一次,问:这位将军怎样走使路程 AC + BC 最短? 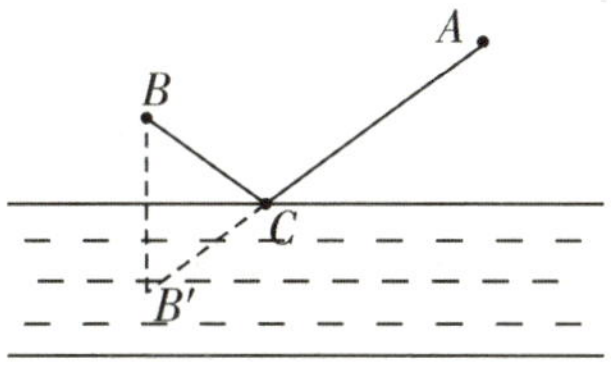 	学生认真思考,回想以前学过的相似三角形、三角函数等知识,找到知识的共性,充分发挥学习的主动性,同时也培养了学生分析问题的能力,这在整个教学过程中具有定向作用.
（三） 合作探究	情景导入,经典历史故事回顾: 　　有一则历史故事说的是:一个身在 A 地的小伙子,得知 B 地的父亲病危的消息后便日夜赶路回家.为了尽快到家,小伙子选择了全是沙地的直线路程 AB.当他气喘吁吁地来到父亲的面前时,老人刚刚咽气了.人们告诉他,老人在弥留之际,嘴上一直念叨着:"胡不归? 胡不归?"("胡"同"何") 路线一:A→B 路线二:A→P→B (P 点应选在何处?) 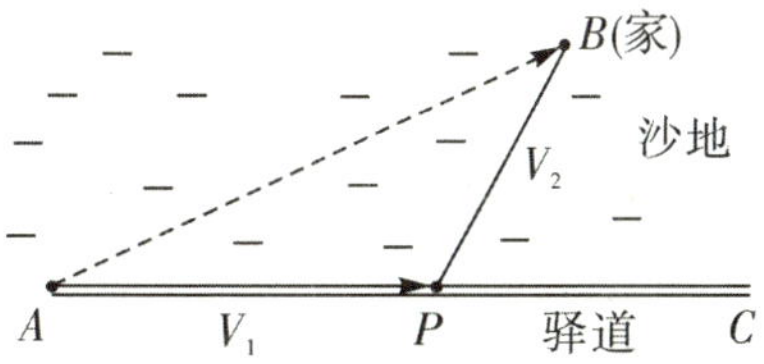 模型建立: P 为驿道 AC 上一点,若在驿道上行走的速度为 $v_1 = 8$ km/h,在沙地上行走的速度为 $v_2 = 4$ km/h. 设运动时间为 t,则点 P 选在何处他回家的用时最少?	

（续表）

教学环节	教学内容	设计意图
（三）合作探究	分析：$t=\dfrac{AP}{8}+\dfrac{PB}{4}=\dfrac{1}{4}\left(\dfrac{1}{2}AP+PB\right)$ 要使时间最短，即求 $\dfrac{1}{2}AP+PB$ 的最小值. **总结：** 顺口溜 **1. 方法提炼：**加权线段和最值， 　　　　　　三角函数系化一； 　　　　　　一提二造三垂线， 　　　　　　线段之和极值现. **2. 所用思想：**转化思想.	引导学生掌握数学抽象、演绎推理等思维方法. 让学生体会到生活中的问题可以转化为数学问题，对学生进行转化思想的渗透.
（四）典例剖析	如图，边长为 10 的菱形 $ABCD$ 中 AC 为对角线，E、F 分别从顶点 A、C 出发在 AC 上运动且 $AE=CF$，连接 DE、BE、DF、BF， （1）求证：$DE=BF$； （2）若 $\angle EDF=90°$，试判断四边形 $EBFD$ 的形状，并说明理由； （3）若 $\angle ABC=150°$，求 $AE+2DE$ 的最小值. **分析：**（1）求证：$DE=BF$； 证 $\triangle ADE \cong \triangle CFB$ 即可. （2）若 $\angle EDF=90°$，试判断四边形 $EBFD$ 的形状，并说明理由； 方法一：可证四条边都相等； 方法二：连接 BD 与 AC 相交于 O，证 EF 与 BD 互相垂直平分. （3）若 $\angle ABC=150°$，求 $AE+2DE$ 的最小值.	

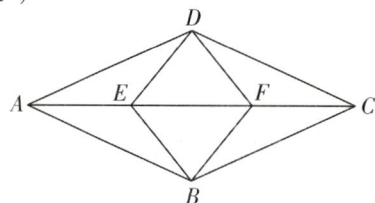

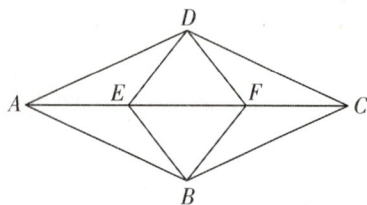

教学环节	教学内容	设计意图
(四) 典例剖析	$AE+2DE=2\left(\dfrac{1}{2}AE+DE\right)$, 即可转求 $\dfrac{1}{2}AE+DE$ 的最小值. **解**: 如图, 在 AE 下方作 $\angle EAG=30°$, 过点 D 作 $DH\perp AG$ 于 H, 交 AC 于 E', 此时 $\left(\dfrac{1}{2}AE+DE\right)$ 最小值为线段 DH. $\because$ 四边形 $ABCD$ 为菱形, AC 为对角线, $\angle ABC=150°$ $\therefore \angle DAE=\dfrac{1}{2}\angle DAB=15°$ $\therefore \angle DAH=45°$ 在 $Rt\triangle ADH$ 中, $DH=\sin\angle DAH$, $AD=5\sqrt{2}$ $\therefore AE+2DE$ 的最小值为 $2DH=10\sqrt{2}$ 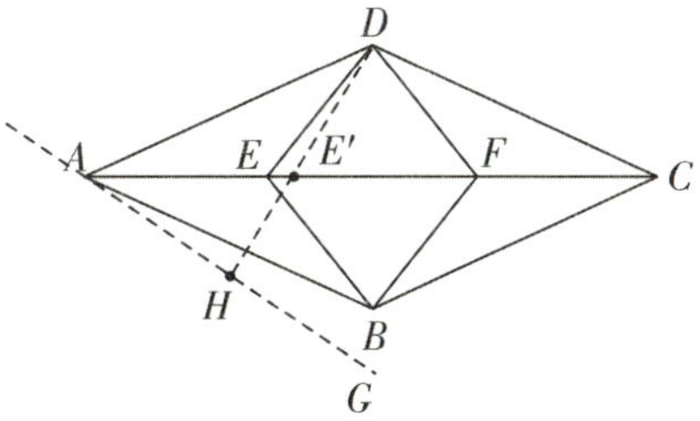 (图)	回归情境问题训练, 强化所学知识的理解, 利用"胡不归"模型解决数学问题, 提高学生几何推理的能力及应用能力.
(五) 拓展提升	**1.** 上例探究题中, 若条件不变, 你还能求出 $\sqrt{2}AE+2BE$ 的最小值吗? **2.** 如图, 在平面直角坐标系中, $AB=AC$, $A(0, 2\sqrt{2})$, $C(1, 0)$, D 为射线 AO 上一点, 一动点 P 从 A 出发, 运动路径为 $A\rightarrow D\rightarrow C$, 点 P 在 AD 上的运动速度是在 CD 上的 3 倍, 要使整个过程运动时间最少, 则点 D 的坐标应为_____. 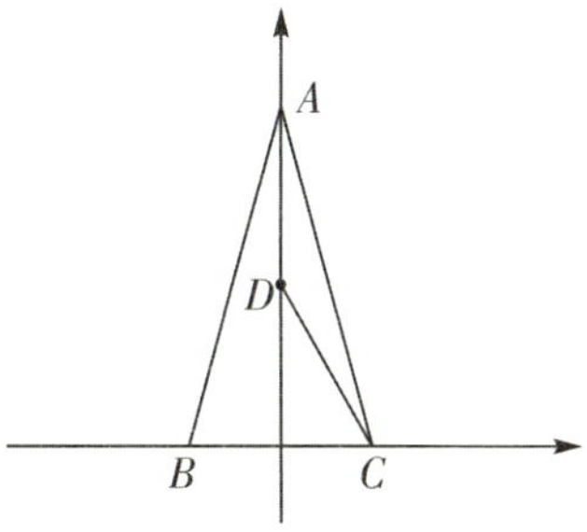 (图)	打破惯性思维, 将题型经历变形后, 学会类比之前的经验, 从"胡不归"模型得到启发, 增强数学联想能力, 举一反三, 轻轻松松解决问题.

（续表）

教学环节	教学内容	设计意图
（六） 感悟小结	**总结：** 求 $BC+kAC(0<k<1)$ 的最小值问题： 先利用特殊角的三角函数值，构造与 $k \cdot AC(k<1)$ 相等的线段 CH，将 $BC+k \cdot AC$ 转化为"$BC+CH$"型，然后利用"垂线段最短"进行定位计算 BH 即可. $\sin\alpha = \dfrac{CH}{AC} = k$ $CH = kAC$	学生通过回顾总结，巩固本堂课的知识点，加深对知识的理解，突破重难点.
（七） 教师寄语	树欲静而风不止，子欲养而亲不待.	百善孝为先，教诲学生如何做人. 教师以德育人，实现了课堂教育价值的最大化.

【教学反思】

本案例"胡不归"问题，采用了数学人文课堂教学"七环节"，学生自主、合作、探究学习，整堂课达到了预定的教学效果，培育了学生的人文精神. 寄语用谚语"树欲静而风不止，子欲养而亲不待"来告诫学生，既激发了学生学习的兴趣，又教诲了学生如何做人，以德育人，实现了课堂教育价值的最大化. 更精彩的是，师生用人文课堂提炼出"胡不归"数学模型的教学过程分为建模（揭模、析模、解模、悟模）与用模（巩固、深化、提高、发展）两个部分. 落实"数学模型"素养应注意的三个问题：一是勿将"模型"当"题型"；二是用好典型"模型"，激发"建模"兴趣，培养"建模"能力；三是适时提出"问题"，增强"模型"意识，培养创新能力. 同时又渗透了数学转化思想，课堂学习气氛浓厚，师生互动、生生互动空前活跃，赢得了学生经久不息的掌声. 建议在实际上课过程中，对时间的把握还要加强.

参考文献

[1] 尚风祥. 现代教学价值体系论[M]. 北京：教育科学出版社,1996.

[2] 朱永新. 教育的奇迹[M]. 上海：上海教育出版社,2004.

[3] 章建跃. 数学教育随想录[M]. 杭州：浙江教育出版社,2017.

[4] 李聪睿. 数学人文课堂的理论与实践[M]. 北京：清华大学出版社,2015.

[5] 湛蓊才. 课堂教学艺术[M]. 长沙：湖南师范大学出版社,1993.

[6] 刘喜梅. 好课是怎样炼成的[M]. 长春：吉林大学出版社,2011.

[7] 钟启泉,崔允漷. 核心素养研究[M]. 上海：华东师范大学出版社,2018.

[8] 张霞玲. 让数学课堂洋溢文化味儿[D]. 北京：教育部教育管理信息中心,2022.

[9] 马复. 初中数学教学策略[M]. 北京：北京师范大学出版社,2021.

[10] 庞彦福. 初中数学有效教学[M]. 北京：北京师范大学出版社,2018.

[11] 张奠基. 中国数学双基教学[M]. 上海：上海教育出版社,2006.

[12] 中华人民共和国教育部. 全日制义务教育. 数学课程标准(2022年版)[M]. 北京：北京师范大学出版社,2022.

[13] 杨牛扣. 例谈初中数学人文课堂的构建与实施[D]. 重庆：西南大学,2018.

[14] 谢素. 立足数学课堂,传承数学文化[D]. 重庆：西南大学,2021.

[15] 曾建勇. 初中数学人文课堂漫谈[J]. 中学数学教学参考,2021(4).

[16] 曾建勇. 打造"生·活课堂"[J]. 湖南教育,2020(1109).

[17] 曾建勇. 让"硬"课堂"软"起来[J]. 湖南教育,2022(1166).

[18] 曾建勇. "等式的性质"教学案例与反思[J]. 湖南教育,2019(1061).

后记

　　本书的创作编写，记录了新化县曾建勇初中数学名师工作室全体同仁在课堂教育教学方面的心路历程和研究过程.如何追求数学课堂教育价值的最大化呢？作为一群在一线工作的教师，我们深感责任重大.多年来，我们一直思考着，探索着，努力着，琢磨出了点滴经验，感悟出了些许体会，抑制不住心中的窃喜，乐于与大家分享.

　　《义务教育数学课程标准》指出，数学是人类的一种文化，它的内容、思想、方法和语言是现代文明的重要组成部分.课堂是思维训练和德育实施的主要载体，数学课堂不仅要培养数学素养，更要有人文精神的渗透.课堂的魅力在于创新，富有创意的教学才是鲜活的、富有生命力的教学.习近平总书记说："广大知识分子要增强创新意识，敢于走前人没有走过的路，敢于抢占国内国际创新制高点."初中数学人文课堂源于对数学课堂美好的追求，是一种与时俱进的教育教学范式和课堂呈现方式，具有很好的创新意识.它在理性美和人文美的融合中独辟蹊径，在激活学生心智、激发学生兴趣、激励学生成长等方面产生了非常好的效果.教学过程中，我们特别注重以德育人，以文化人，用定理催生道理，用法则催生原则，用性质催生性格，让学生充分感悟和品味到数学课堂的魅力；我们特别强调以数学知识和技能为主线，以数学思想和方法为暗线，以人文教育和熏陶为辅线，三线相辅相成，相融相通，追求课堂教育价值的最大化；我们既彰显数学的理性美，也巧妙地融入人文元素体现人文美，让知识技能与人文精神交相辉映，"落霞与孤鹜齐飞，秋水共长天一色"，从而演绎出数学课堂的灵动.

　　本书呈现给大家的每一个鲜活的案例，都经历了个人思考、集体备课、课堂实践、团队研磨、交流反思等环节，对每一个案例我们都抱着虔诚之心，把它们看成自己的孩子.创作的过程尽管很艰辛，甚至痛苦，但收获却很丰盈，充满幸福.曾记否，我们在课例《矩形的定义与性质》中，为了主标题"追问长方形的前世今生"的温馨浪漫而产生的欣喜；曾记否，我们在课例《时钟角》中，为了情境导入"吴书记练习萨克斯的时长"的设计精巧而萌发的兴奋；曾记否，我们在课例《有理数的乘方》中，为了教师寄语"$1.01^{365} \approx 37.78, 0.99^{365} \approx 0.026$.同学们，生命在乘方，你们用什么做底数！"的殷切期望而凝聚的力量……一切的一切，都令人回味无穷.在数学课堂中融入人文元素，有助于调动学生学习的积极性和强化学生对知识的掌握，有利于培育学生的科学精神和培养学生的良好品德.教学永远是一门充满遗憾的艺术，虽然没有完美的课堂，但我们一定要去追求课堂的完美.

　　借此,真心感谢为本书出版付出辛勤汗水和无穷智慧的全体同仁,特别感谢陈克勤先生、邹泰山先生的高位引领和精心指导,感谢沁园春教育集团赵小年先生、江波先生的鼎力支持,尤其感谢李珊珊老师、张帅老师、刘小中老师等工作室核心人员的倾情付出.

　　撰写本书对于我们而言富有挑战性,加之编写时间仓促,能力有限,书中难免会有瑕疵,恳请大家包容,并提出宝贵意见,帮助我们改进和完善.

曾建勇

2022 年 12 月 22 日